Imprensa gay no Brasil

Flávia Péret

# Imprensa gay no Brasil

Entre a militância e o consumo

**PubliFolha**

Copyright © 2011 Publifolha – Divisão de Publicações da Empresa Folha da Manhã S.A.

Todos os direitos reservados. Nenhuma parte desta obra pode ser reproduzida, arquivada ou transmitida de nenhuma forma ou por nenhum meio sem a permissão expressa e por escrito da Publifolha – Divisão de Publicações da Empresa Folha da Manhã S.A.

EDITOR Alcino Leite Neto

EDITORAS-ASSISTENTES Paula Dume e Rita Palmeira

COORDENAÇÃO DE PRODUÇÃO GRÁFICA Mariana Metidieri

PRODUÇÃO GRÁFICA Iris Polachini

CAPA Felipe Kaizer

PROJETO GRÁFICO DO MIOLO Mayumi Okuyama

PREPARAÇÃO Marcia Menin

REVISÃO Eduardo Assis Martins

CRÉDITO DAS FOTOS Folhapress (p. 13); Marcelo Mitidieri (Arquivo Edgard Leuenroth/ Unicamp: pp. 21-2, 30, 33, 47, 52, 55, 73-4, 89, 93); Ovídio Vieira/Folhapress (p. 77); Gabriela Azevedo Marques/Folhapress (p. 101)

Dados Internacionais de Catalogação na Publicação (CIP)
(Câmara Brasileira do Livro, SP, Brasil)

---

Péret, Flávia
  Imprensa gay no Brasil / Flávia Péret. – São Paulo :
Publifolha, 2012.

  1ª reimpr. da 1ª ed. de 2011.
  Bibliografia.
  ISBN 978-85-7914-316-8

  1. Homossexuais – Brasil  2. Imprensa gay – Brasil – História
  3. Jornalismo – Brasil – História  4. Jornalistas – Brasil  I. Título

11-07479                                              CDD-079.81

---

Índice para catálogo sistemático:
1. Brasil : Imprensa gay : Jornais e jornalismo : História  079.81

Este livro segue as regras do Acordo Ortográfico da Língua Portuguesa (1990), em vigor desde 1º de janeiro de 2009.

## PUBLIFOLHA

Divisão de Publicações do Grupo Folha
Al. Barão de Limeira, 401, 6º andar
CEP 01202-900, São Paulo, SP
Tel.: (11) 3224-2186/2187/2197
www.publifolha.com.br

# Sumário

- 6 Apresentação
- 10 Uma história em construção
- 44 *Lampião da Esquina*
- 62 Aids
- 70 A imprensa lésbica
- 82 Mercado gay e dinheiro cor-de-rosa
- 98 Internet e pornografia
- 106 Mídia e homofobia
- 114 Depoimentos
  *Aguinaldo Silva*
  *João Silvério Trevisan*
- 130 Cronologia
- 132 Bibliografia

# Apresentação

Este livro é resultado do trabalho que desenvolvi em 2009 para o Folha Memória – Programa de Orientação de Pesquisa em História do Jornalismo Brasileiro, do jornal *Folha de S.Paulo*. Durante meses, debrucei-me sobre o tema da imprensa gay, a fim de resgatar histórias e personagens de um quebra-cabeça heterogêneo e compor um panorama, ainda que incompleto, desse importante movimento jornalístico e político.

A imprensa feita por homossexuais e voltada para eles é um acontecimento recente na sociedade brasileira e, ao analisar cada período – da década de 1960, com o surgimento dos primeiros jornais, ao início do século XXI, com a disseminação dos sites –, é possível constatar que ela ainda está em construção.

De uma perspectiva histórica e jornalística, busquei compreender esses quase cinquenta anos de história da imprensa gay percorrendo seu impreciso itinerário. Ao vasculhar livros e memórias, conversar com pessoas e escutar suas histórias, descobri um território cheio de buracos, de desvios e de caminhos interrompidos. Aprendi também que a história é feita de fracassos. E essa palavrinha impertinente, *fracasso*, remete à principal marca da imprensa gay brasileira: a insubordinação.

Trata-se de uma imprensa que, mesmo diante de tantos problemas, se manteve insubordinada aos modos tradicionais de produção, veiculação e distribuição de informação, às ideias convencionais, às regras morais, aos poderes constituídos, ao mercado editorial e às pressões econômicas. Se existe um denominador comum nos relatos deste livro, é o esforço, coletivo e individual, de defender o direito das pessoas de viver e expressar livremente sua orientação sexual.

Agradeço a Agildo Guimarães, Aguinaldo Silva, André Fischer, Bernardo Kucinski, Bruno Leal, Celso Curi, Frederico Pessoa, Glauco Mattoso, Hélio Schwartsman, Jean-Claude Bernardet, João Silvério Trevisan, José Viterbo, Laura Bacellar, Letícia Feres, Luiz Mott, Marcelo Gomes, Marcos Antônio Alexandre, Míriam Martinho, Nina Lopes, Paco Listo, Pedro Sampaio, Roberto Almeida, Sônia Magalhães, Vange Leonel, Victor Barroco e Wellington Costa. E também ao Arquivo Edgard Leuenroth (AEL/Unicamp), ao Arquivo Público do Estado de São Paulo, à Associação Imagem Comunitária (AIC) e à Turma OK (Rio de Janeiro).

# Uma história
em construção

A imprensa brasileira tem pouco mais de duzentos anos. É relativamente nova, se comparada à de nossos vizinhos latino-americanos, que já no século XVIII exerciam atividades jornalísticas e manifestavam ideias e opiniões por meio de jornais e folhetos em seus respectivos territórios. O primeiro jornal de que se tem notícia na América Latina é o *Gazeta da Guatemala*, criado em 1729. O pioneiro no Brasil, o *Correio Braziliense*, data de 1808. Editado e produzido em Londres por Hipólito da Costa, que pregava opiniões políticas liberais, circulava clandestinamente no país.

Até o início da década de 1960, quando surgiu uma imprensa gay brasileira – feita por homossexuais e voltada para eles –, os periódicos nacionais (jornais, revistas e boletins) refletiam a ideologia sobre a homossexualidade de cada época e abordavam o tema sobretudo por dois enfoques: satirizando figuras públicas, principalmente por meio de charges e ilustrações, ou divulgando fatos policiais envolvendo homossexuais e travestis.

Um caso bastante explorado pela mídia do início do século XX ilustra bem como o tema era por ela representado: a prisão de Febrônio Índio do Brasil. Detido sob a acusação de estuprar um menor, ele foi condenado como "louco moral" em 1927 e tornou-se alvo da imprensa sensacionalista. O cientista social argentino Carlos Figari relata, no livro *Outras cariocas*, que, a partir do caso Febrônio, o jornalismo brasileiro passou a vincular frequentemente a homossexualidade ao delito e à perversão.

## DOS DÂNDIS AOS HIPPIES

Outra figura que despertava curiosidade e ao mesmo tempo repulsa da imprensa nacional era o dândi. Surgidos na Europa em meados do século XIX, os dândis, aristocráticos e antiburgueses, cultuavam o estetismo, o exótico, o superficial, a boêmia e, sobretudo, o ócio. Os principais representantes desse movimento foram o inglês Beau Brummell (1778-1840), considerado o primeiro dândi da história, o poeta francês Charles Baudelaire (1821-1867) e o escritor irlandês Oscar Wilde (1854-1900).

Considerado o "Oscar Wilde tupiniquim", o escritor, tradutor, jornalista e dramaturgo carioca Paulo Barreto (1881-1921), conhecido pelo pseudônimo João do Rio, foi o mais polêmico e famoso dândi brasileiro. Sua obra é um marco na história da crônica jornalística, um testemunho da vida no Rio de Janeiro na passagem do século XIX ao XX. Morador da Lapa, histórico reduto da boêmia e ponto de encontro de homossexuais, e atento a tudo o que acontecia a seu redor, ele circulava pela cidade como um legítimo flâneur, com suas roupas coloridas e extravagantes. Seus textos e crônicas apresentavam, de modo explícito, elementos homoeróticos.

O escritor e jornalista João do Rio (1881-1921)

Durante vários anos, João do Rio foi perseguido e caluniado publicamente, tendo sua homossexualidade exposta e ridicularizada por escritores e jornalistas. Tornou-se, entretanto, membro da Academia Brasileira de Letras, colaborou com inúmeros jornais, como O Paiz, Gazeta de Notícias, O Dia e Correio Mercantil, fundou a Sociedade Brasileira de Autores Teatrais (SBAT) e o jornal A Pátria, dirigido aos portugueses residentes no Rio de Janeiro, e foi tradutor das obras de Wilde para o português. Era amado e odiado. Milhares de pessoas compareceram a seu enterro, no Rio.

A Lapa de João do Rio continuou a ser, nas décadas de 1940 e 1950, um dos principais locais de encontro de homossexuais na cidade, com inúmeros bares e casas noturnas, como o Cabaré Casanova, e pontos de prostituição masculina. Além da Lapa, a Cinelândia, a praça Tiradentes, no centro da cidade, e Copacabana, na zona sul, reuniam homens interessados em conversar e conhecer outras pessoas do mesmo sexo.

O antropólogo norte-americano James Green traçou um mapa dos principais territórios ocupados pelos homossexuais cariocas naquele período, mostrando a expansão progressiva, a partir dos anos 1950, de bares, cinemas, saunas e locais que permitiam a socialização dos gays. Enquanto Copacabana era frequentada sobretudo à noite, a Cinelândia era o ponto de encontro diurno. Escreve Green:

> Em Copacabana, eram incontáveis os lugares onde os homossexuais podiam socializar-se nos anos 50. Cafés ao ar livre enfileiravam-se nas amplas calçadas com mosaico preto e branco que se ondeavam ao longo da Avenida Atlântica. Podia-se fazer uma parada no Alcazar, onde homens vestidos como mulheres desfilavam com suas fantasias durante o Carnaval, cujos banheiros eram locais onde sempre se podia conseguir sexo rápido.[1]

José Fábio Barbosa da Silva, primeiro sociólogo brasileiro a estudar grupos de homossexuais no país, também identificou

---

1 Green, James. *Além do Carnaval: a homossexualidade masculina no Brasil do século XX*, p. 259.

uma série de locais frequentados por gays na cidade de São Paulo. De acordo com sua pesquisa "Homossexualismo em São Paulo: estudo de um grupo minoritário"[2], eles se concentravam principalmente no centro, na confluência das avenidas São João e Ipiranga. Observou-se, ao longo das décadas de 1950 e 1960, gradual ocupação das metrópoles pelos homossexuais. Até então acostumados à clandestinidade e às portas fechadas, eles iniciaram um processo de apropriação de praças, ruas, parques, cafés e cinemas. Estudos como o de José Fábio Barbosa da Silva e o de James Green mostram a relevância da migração para os grandes centros urbanos na história de vida dos homossexuais.

O pernambucano Agildo Guimarães, criador do jornal gay *O Snob*, publicado de 1963 a 1969, é um dos representantes dessa geração que precisaram mudar de cidade para poder vivenciar sua orientação sexual. Conforme ele conta, quando vivia com os pais, em Recife, era pressionado pela família a levar uma vida "normal", a se casar e ter filhos. Ao mesmo tempo, era alvo de boatos e fofocas sobre sua sexualidade. Em 1952, decidiu mudar-se para o Rio de Janeiro, onde alugou um pequeno apartamento em Copacabana e conseguiu trabalho. Na cidade, o clima receptivo e o contato com outros homossexuais fizeram com que ele se adaptasse rapidamente.

Embora houvesse certa tolerância no Rio, alguns estabelecimentos, com medo de perderem os clientes heterossexuais

---

2 Barbosa da Silva, José Fábio. "Homossexualismo em São Paulo: estudo de um grupo minoritário". In: Green, James; Trindade, Ronaldo (orgs.). *Homossexualismo em São Paulo e outros escritos*.

ou ficarem malfalados, hostilizavam os homossexuais e até mesmo proibiam sua entrada. Para piorar a situação, na década de 1950, um delegado de polícia, Raimundo Padilha, obcecado pela ideia de "limpar" a cidade, iniciou uma verdadeira caça aos gays. Como o Código Penal Brasileiro não considerava a homossexualidade um crime,[3] os policiais agiam sub-repticiamente, aplicando leis de vadiagem ou de perturbação da ordem pública. Isso significava que qualquer pessoa que estivesse à noite na rua sem carteira de trabalho corria o risco de ser presa, levada para a delegacia e interrogada. Para se protegerem, os gays do Rio de Janeiro e de São Paulo, em meados dos anos 1950, passaram a se reunir em turmas nas casas uns dos outros ou em locais públicos para conversar, escutar música, beber e conhecer pessoas. Segundo Barbosa da Silva:

> Na medida em que o homossexual consegue efetuar contatos e descobre que existem outras pessoas na sociedade semelhantes a ele, também excluídos do grupo majoritário, tende a encarar de outra forma suas experiências e ressignifica sua afirmação pessoal como homossexual, atrelando-se cada vez mais a essa categoria.[4]

---

[3] O Código Penal Brasileiro, sancionado em 1830, não incluía a sodomia na lista de crimes. Alguns anos antes, um decreto da Coroa Portuguesa havia posto fim ao Tribunal do Santo Ofício da Inquisição, uma espécie de polícia que existiu no país de 1536 a 1821. O Santo Ofício, entre outras "atribuições", perseguia e condenava à pena de morte indivíduos acusados de cometerem atos sodomitas. Na época, as palavras "homossexual" e "homossexualidade" não eram utilizadas para definir as relações entre pessoas do mesmo sexo.

[4] Barbosa da Silva, José Fábio, op. cit., p. 33.

Também começaram a aparecer turmas em Salvador, como os Carimbos e os Intocáveis. Nos encontros, a discrição era a regra, já que não queriam chamar a atenção dos vizinhos, muito menos da polícia. Nos pequenos shows e performances que realizavam nas casas, os aplausos eram substituídos por estalos de dedos.

Foi em uma dessas reuniões que surgiu a Turma OK, o mais antigo grupo homossexual brasileiro, em atividade até hoje, com sede na Lapa, no Rio de Janeiro. Fundado em 13 de janeiro de 1961 por onze amigos, o grupo encontrava-se uma vez por semana ou no máximo quinzenalmente, na casa de um dos sócios, para conversar, promover concursos, escutar música e conviver, além de realizar desfiles e eventos temáticos, como Musa de Inverno, Lady OK, Mister OK e Rainha da Primavera. No entanto, com a decretação do Ato Institucional nº 5 (AI-5), que impôs várias restrições às liberdades civis dos cidadãos brasileiros, decidiu suspender as atividades, retomadas apenas em 1972. Em seu site, informa: "A Turma OK não é um grupo de militância gay, nem mesmo uma boate ou um bar gay, é um clube social, estritamente familiar, na tradição carioca gay".[5] Entre seus sócios e fundadores encontram-se Agildo Guimarães, Hélio Gato Preto e Anuar Farah, alguns dos precursores da imprensa gay brasileira.

A palavra *gay*, que significa alegre, em inglês, começou a ser usada na década de 1950, nos Estados Unidos, para denominar homens que tinham relações sexuais com outros homens. Nos

---

5 Disponível em: http://www.turmaok.com.br. Acesso em: 13/7/2011.

anos 1960, o termo passou a ser utilizado amplamente pelo movimento homossexual norte-americano como forma de afirmar uma identidade de grupo. Embora no início daquela década ainda não se falasse em movimento gay no Brasil, grupos como a Turma OK e os Noturnos do Subúrbio foram iniciativas que contribuíram para a construção dessa nova identidade. Suas demandas, entretanto, não eram ainda políticas. As turmas buscavam essencialmente reunir amigos, conversar, divertir-se e namorar.

Com a constituição desses espaços, novas necessidades foram surgindo, como a criação de jornais ou fanzines que divulgassem as ações dos grupos. As primeiras publicações no país voltadas especificamente para homossexuais eram feitas de maneira artesanal, mimeografadas e distribuídas ou trocadas entre pessoas das diferentes turmas.

Nos Estados Unidos dos anos 1960 já se discutia mais abertamente a questão da homossexualidade. Os movimentos contraculturais que haviam emergido na década anterior mudaram a cara do ativismo juvenil e provocaram uma revolução no modo como grupos minoritários – homossexuais, mulheres e negros – se articulavam politicamente, ganhando visibilidade na mídia e buscando estabelecer um diálogo mais liberal e tolerante em relação à diversidade sexual e racial. A contracultura ainda mudou, embora com algumas fissuras e muitas tensões, a agenda política da esquerda. Gradualmente, a figura do jovem socialista preocupado com a luta de classes e com os grandes problemas sociais foi dividindo espaço com um novo tipo de ativismo: o de jovens de cabelos longos com roupas coloridas e extravagantes, que realizavam manifestações excêntricas. "Faça amor, não faça guerra!", pediam os hippies, em protesto contra a Guerra do Vietnã, distribuindo flores para policiais. Além do pacifismo, militavam pelo autoconhecimento e pela liberdade sexual como alternativas para mudanças globais.

## O SNOB

*O Snob* foi a primeira publicação abertamente homossexual divulgada no Brasil. Em 1963, descontente com o resultado do concurso Miss Traje Típico, realizado pela Turma OK, Agildo Guimarães decidiu fazer um jornalzinho para protestar contra a escolha do júri. Era uma publicação simples, em folha de papel ofício, datilografada (frente e verso) e impressa em mimeógrafo, com distribuição na Cinelândia e em Copacabana, em locais como a "Bolsa de Valores" (trecho da praia em frente ao Copacabana Palace), bares e cafés. Com o tempo, *O Snob* tornou-se conhecido dentro da comunidade gay carioca. Transformou-se numa minirrevista, com capa, ilustrações coloridas, pequenos anúncios e mais de trinta páginas.

Havia colunas de fofocas, concurso de contos e poesias, matérias sobre moda e beleza, artigos sobre cuidados com a pele, entrevistas, palavras cruzadas e séries de reportagens, como "História do Brasil pelo método confuso" e "Introdução à psicanálise". Textos e imagens eram assinados por Pantera Cor-de-Rosa, Robinetti, Elke Stenssoro e Gigi Brayant, jornalistas que utilizavam pseudônimos para expressar suas ideias.

O anonimato era prática recorrente em qualquer publicação homossexual, o que revela a precária liberdade que tinham. Editado pela misteriosa Gilka Dantas – na realidade, pseudônimo adotado por Agildo Guimarães –, O Snob conseguiu criar uma significativa rede de distribuição. Mantinha contato com grupos de outras cidades brasileiras, firmando-se como o principal meio de expressão da homossexualidade e da efervescente cultura gay que emergia no país. Os leitores tinham acesso a assuntos de cultura e moda e encontravam na publicação um espaço no qual se sentiam representados.

O sarcasmo, a ironia e o duplo sentido eram os principais elementos de linguagem. "Recheado de fofocas, humor *camp* e autoafirmação", como definiu Green,[6] O Snob deu visibilidade a um extenso vocabulário de gírias existentes no país desde o século XIX e criou um estilo particular de escrever para homossexuais. Barbosa da Silva, que em sua pesquisa com grupos gays paulistanos estudou a linguagem utilizada por eles, fornece algumas pistas para compreender essas provocações da escrita. Segundo o sociólogo, grupos minoritários tendem a usar uma linguagem cifrada, tanto para se autoidentificar como para dificultar "o entendimento por indivíduos que não participam da mesma cultura".[7] Um conjunto de códigos é criado para facilitar a comunicação, classificar comportamentos novos ou existentes e dar a eles novos significados. Essa nova gramática é incorporada e passa a fazer parte do cotidiano dos grupos. As gírias

---

6   Green, James, op. cit., p. 253.

7   Green, James; Trindade, Ronaldo (orgs.), op. cit, p. 145.

Capa da edição n. 4, publicada nos anos 1960, da revista *O Snob*

Capa da edição n. 15 da revista *O Snob*

gays, por exemplo, referem-se, principalmente, a termos ligados ao comportamento sexual.

 Algumas dessas características, como a apropriação da fala coloquial, podem ser observadas não apenas em *O Snob*, mas também em outras publicações criadas a partir de 1963. Nas páginas de *O Snob*, jovens de classe média interessados em comportamento, moda e cultura compunham intrincados jogos de palavras e apresentavam textos irônicos, como se vê no editorial da primeira edição:

Até que enfim eis lançado o primeiro número do nosso jornal, "jornal nossa turma". Para fazermos comentários das festas, contar as fofocas, os disse me disse. Não tem pretensão em ter muitas tiragens e nem fazer concorrência com *O Globo* ou o *Última Hora*, e como não somos nem de direita, nem de esquerda o melhor mesmo é ficarmos pelo centro. Ele vai ter milhões de defeitos e de erros, desculpe qualquer coisa [...].[8]

Para Green, o duplo sentido das palavras "direita", "esquerda" e "centro" evidencia o posicionamento, a princípio, apolítico de Agildo Guimarães e seu grupo. Quando afirma que o centro é, também, o "meio", refere-se tanto à cultura gay, ao meio homossexual, como às pessoas que transitam entre o masculino e o feminino, que estão "entre" os dois gêneros.

O uso que O Snob fazia da linguagem consistia na adaptação de modos de fala próprios dos grupos gays e na utilização de gírias e adjetivos. Esses elementos apresentavam um vocabulário diferente do da linguagem utilizada pelos meios de comunicação tradicionais. Tais características são a marca da imprensa gay dos anos 1960 e revelam a irreverência e a insubordinação às normas sociais. O próprio nome da publicação, O Snob, é sinal dessa atitude *blasé* em relação à sociedade heterossexual. Como dizia seu slogan: "Um jornal informativo para gente entendida. Um jornal para gente de bem. Um jornal para você que é de bom gosto".

8 Editorial não assinado de O *Snob*, n. 1, ano I.

A insubordinação em relação à sociedade heterossexual e católica é observada nos sarcásticos "Dez mandamentos da bicha", publicados em uma edição de 1964:

1. Amar todos os homens.
2. Nunca ficar com um só.
3. Beijar todos os bofes.
4. Evitar falar no futuro.
5. Quanto mais intimidade na cama melhor.
6. Fingir sempre que ama um só.
7. Nunca esquecer os bofes casados.
8. Evitar falar em dinheiro.
9. Não querer as mariconas.
10. Casar só por uma hora.[9]

Ao contrário dos Dez Mandamentos bíblicos, nestes a sexualidade é estimulada, a traição não é pecado e a luxúria é considerada uma virtude. Os "Dez mandamentos da bicha" mostram, ainda, como os gays daquela época compreendiam e vivenciavam as identidades sexuais. Ao incorporar e reproduzir o estereótipo da relação macho/fêmea, na qual os "bofes" são os homens "de verdade" (machos/ativos) e as "mariconas" são os homossexuais efeminados (passivos), o jornal expõe a própria dificuldade de encontrar um vocabulário para lidar com o desejo homoerótico. Isso revela que, no início, as formas de

---

9 "Dez mandamentos da bicha", O *Snob*, n. 12, ano II, 1964, reproduzido em: Green, James, op. cit., p. 190.

representação da identidade homossexual na imprensa estavam conectadas com as percepções de gênero que prevaleciam no período, bem diferentes das dos dias atuais. Na contramão do que pensam hoje os grupos de defesa dos homossexuais, O Snob apresentou, até 1966, noções de gênero extremamente fixas.

Naquele ano, um dos integrantes do jornal, Hélio Gato Preto, começou a questionar a rigidez do posicionamento adotado pela grande maioria de seus colegas da redação. Ele mudou o pseudônimo que utilizava no jornal de Pantera Cor-de-Rosa para Hélio Gato Preto, como forma de protestar contra a feminilização da homossexualidade masculina, rejeitou a oposição estereotipada bicha/bofe e se autodenominou "homossexual". Embora às vezes escrevesse adotando o gênero feminino, Gato Preto era contra a ideia de que os gays precisavam ser femininos para vivenciar e/ou expressar sua homossexualidade. Influenciado pelo movimento estudantil, levou suas inquietações políticas para a coluna que assinava em O Snob. Além disso, sugeriu mudanças do ponto de vista editorial, como a inclusão de nus masculinos – até então, o jornal apresentava apenas ilustrações de figuras femininas. Em 1967, ele criou uma nova publicação gay, o jornal Os Felinos, em Niterói.

Ao questionar a rigidez das identidades e gêneros e gerar polêmicas dentro do jornal, Gato Preto, de certa maneira, contribuiu para que O Snob se tornasse, a partir de 1968, uma publicação mais aberta a assuntos políticos e interessada nas teorias de gênero que vinham sendo elaboradas pelas feministas e pelo movimento gay nos Estados Unidos e na Europa. Os temas tradicionais – fofoca, moda, cultura e coluna social – não deixaram de fazer parte das páginas do jornal. No entanto, conteúdos de enfoque político, como o Maio de 68, a Guerra do Vietnã e o movimento hippie, começaram a ter espaço em O *Snob*. Uma nota publicada em 1969 (último ano do jornal) anunciava essa mudança editorial:

> 1969 parece ser o ano das novidades, pelo menos para nós, de O *Snob*, muita coisa nova acontecerá no correr deste ano. Iniciamos com um jornal mais adulto, onde as crônicas, poesias, artigos de real interesse, contos e colunas sociais sadias, sem fofoquinhas, aliás, abandonadas há muito por nossos colunistas, e o suprimento de desenhos de figuras femininas [...] mostrarão novos propósitos de atingirmos uma realidade do que realmente somos [sic]. Estamos próximos do século XXI, a dois passos da lua e não podemos permitir que nossa mente fantasiosa estacione desde há 100 anos atrás [sic].[10]

Realmente muita coisa estava para acontecer. A capa do último número de O *Snob* causou polêmica, ao mostrar a imagem de dois homens fazendo sexo. Além disso, um artigo intitulado "Protesto", inspirado nas manifestações estudantis que aconteciam em todo o mundo, convidava os leitores a realizar uma passeata até a casa de verão do presidente da República, Arthur da Costa e Silva, levando faixas e cartazes com os seguintes dizeres: "Abaixo Padilha. Viva Rogéria!", "Nas festas do Itamaraty, queremos ir de travesti!". O artigo dizia ainda: "Numa reação à

---

10 O *Snob*, n. 1, ano VII, 1969, reproduzido em: Green, James, op. cit., p. 194.

situação vigente que se tornara insuportável, foi organizado um esquema em defesa dos direitos das liberdades do mundo gay"[11].

Ainda que não fossem ativistas políticos, Gato Preto e Guimarães tinham consciência da importância de os homossexuais ocuparem espaços mais visíveis e ganharem efetiva representação social. Ao produzirem jornais que apresentavam a visão de mundo de um grupo minoritário, eles contribuíram para a articulação de ideias, polêmicas e questões comuns aos homossexuais.

O Snob foi o primeiro jornal do gênero no país e causou impacto tanto pela influência gerada como pelo estilo que inaugurou. "O Snob oferecia um acesso ímpar ao mundo das bichas, bofes, bonecas e entendidos. O jornal é especialmente valioso pelas diversas noções de gênero que retrata, as controvérsias que surgiram sobre esse tema e suas visões sobre política nos anos 1960",[12] explica James Green. Além disso, inspirou o surgimento de mais de trinta publicações[13] entre

---

11 Idem, p. 190.

12 Green, James, op. cit., p. 298.

13 Em sua pesquisa sobre a homossexualidade no Rio de Janeiro, James Green mapeou dezenas de publicações gays que circularam no país, principalmente no Rio de Janeiro e em Salvador, na década de 1960, como O Snob (Rio de Janeiro, 1963), Força (Rio de Janeiro, 1963), Zona Norte (Rio de Janeiro, 1963), Vagalume (Rio de Janeiro, 1964), O Mito (Niterói/RJ, 1966), Subúrbio à Noite (Rio de Janeiro, 1966), Cinelândia à Noite (Rio de Janeiro, 1966), O Bem (Rio de Janeiro, 1966), Edifício Avenida Central (Rio de Janeiro, 1966), O Show (Rio de Janeiro, 1966), O Estábulo (Niterói/RJ, 1966), Sophistique (Campos/RJ, 1966), Mais (Belo Horizonte, 1966), Fatos e Fofocas (Belo Horizonte, 1963), Charme (Rio de Janeiro, 1966), O Pelicano (Rio de Janeiro, 1966), Le Carrilon (Rio de Janeiro, 1966), Chic (Rio de Janeiro, 1966), Os

1964 e 1969. Ao todo, foram produzidas 99 edições de *O Snob*, que circularam de julho de 1963 a junho de 1969, ano em que um importante acontecimento envolvendo gays norte-americanos definiria os movimentos e lutas a favor dos direitos dos homossexuais no mundo.

O LEVANTE DE STONEWALL

Na madrugada de 28 de junho de 1969, cerca de quatrocentas pessoas, a maioria delas vinda do velório da cantora Judy Garland, ícone da cultura gay da época, reuniram-se para beber, como de costume, no bar Stonewall Inn, em Greenwich Village, bairro de Nova York. Frequentado por gays, lésbicas e travestis, o estabelecimento, acusado de vender bebidas alcoólicas sem alvará e apresentar shows de dançarinos nus, era alvo sistemático de batidas policiais. Naquela noite, mais uma intervenção policial esperava os clientes. Um grupo de travestis, porém, reagiu com socos e pontapés. A polícia foi atacada com pedras, moedas e garrafas. Rapidamente, a notícia do confronto

---

*Felinos* (Niterói/RJ, 1967), *Gay* (Salvador, 1967), *Gay Society* (Salvador, 1967), *Zéfiro* (Salvador, 1967), *Baby* (Salvador, 1967), *Le Femme* (Rio de Janeiro, 1968), *Centauro* (Rio de Janeiro, 1968), *O Vic* (Rio de Janeiro, 1968), *O Babado* (Rio de Janeiro, 1968), *O Grupo* (Rio de Janeiro, 1968), *Darling* (Rio de Janeiro, 1968), *Little Darling* (Salvador, 1970) etc. No entanto, alguns jornais do período logo desapareceram. É o caso de *O Taradinho*, fundado por Antônio Peres e Itamar Dias Soares, que teve vida curta em razão de sua linha editorial, mais pornográfica, e dos jornais *Tuchê*, *Glamour*, *Aliança de Ativistas Homossexuais*, *Eros* e *O Galo*, sobre os quais escutamos falar, mas que, infelizmente, não conseguimos localizar.

se espalhou pelo bairro e dezenas de pessoas se juntaram ao grupo que tentava resistir à prisão.

Testemunhas entrevistadas pelo jornal *Village Voice*, o primeiro a noticiar o fato, contaram como tudo começou:

> De repente, a polícia chegou e as coisas esquentaram. Três das mais descaradas travestis – todas de drag – foram empurradas para dentro da viatura, assim como o barman e outro funcionário, sob um coro de vaias da multidão. Alguém gritou, incentivando o povo a virar o carro da polícia. Nisso, saía do bar uma lésbica, que começou uma briga com os policiais. Foi nesse momento que a cena se tornou explosiva. Latas e garrafas de cerveja começaram a ser atiradas em direção às janelas e uma chuva de moedas foi lançada sobre os policiais [...].[14]

Dos prédios, moradores também jogaram objetos na polícia. Conta-se que um parquímetro foi retirado da calçada e lançado contra as janelas de vidro do bar. O confronto com a polícia durou quatro dias. Várias pessoas ficaram feridas e alguns homossexuais foram presos. Apesar do saldo negativo, o levante de Stonewall, como ficou conhecido o episódio, entrou para a história do movimento homossexual como o dia em que gays, lésbicas e travestis decidiram dar um basta às humilhações e aos subornos que sofriam. Para a comunidade gay, além de representar a insubordinação e a reação de pequenos grupos de homossexuais – em sua maioria latinos, pobres e travestis – à

---

14 *Village Voice*, 3/6/1969. Tradução de Victor Barroco.

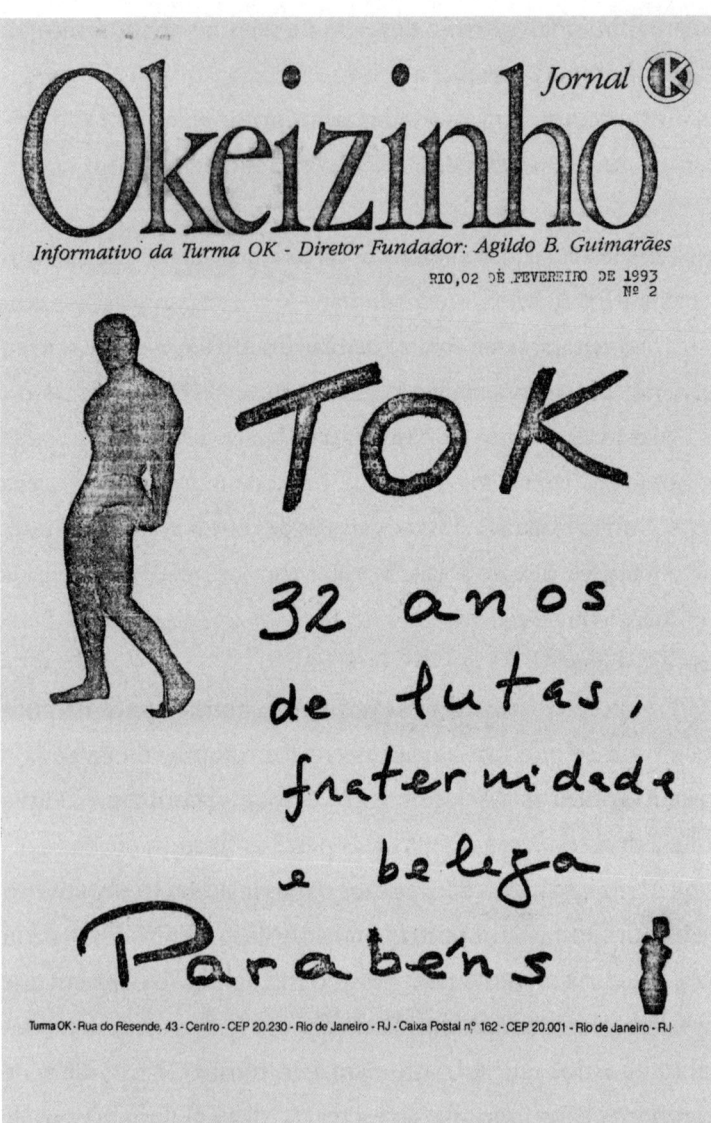

Capa da edição de fevereiro de 1993 da revista *Okeizinho*, impressa no Rio

truculência policial, Stonewall significou a irrupção do movimento de defesa dos direitos dos homossexuais nos Estados Unidos e, posteriormente, no mundo.

Meses depois do confronto nas ruas de Nova York, foi criado o primeiro grupo organizado de luta pelos direitos civis de gays e lésbicas, o Gay Liberation Front. O termo *gay* foi oficialmente incorporado ao vocabulário dos homossexuais, marcando, assim, o surgimento de uma nova identidade. Grande parte dos ativistas defendia a tese de que a palavra "homossexualismo", por causa do sufixo *-ismo*, reiterava a associação pejorativa entre práticas homoeróticas e distúrbios psicológicos. Como resultado dessa grande mobilização, surgiram, a partir da década de 1970, nos Estados Unidos e em outras partes do mundo, inúmeras associações de defesa dos direitos civis de gays e lésbicas.

Com Stonewall, a comunidade gay tinha dado um recado ao mundo. No entanto, os ecos desse acontecimento demoraram a reverberar politicamente no Brasil. A ditadura criou uma espécie de fosso ideológico, exilando os brasileiros dos principais eventos em defesa dos direitos homossexuais que já aconteciam em grande parte do planeta. Sem informação, constantemente vigiados e censurados pelo regime militar, os homossexuais encontravam dificuldade para expressar livremente sua sexualidade. Em razão do tenso clima político instaurado pelo AI-5, os editores de *O Snob* decidiram fechar o jornal, em junho de 1969. Embora, naquele momento, os grupos de homossexuais não estivessem na mira dos militares, qualquer movimentação despertava suspeita, como explica Agildo Guimarães:

31

Paramos com os jornais, porque, à medida que distribuíamos, a polícia também nos agarrava, pensando que eram panfletos. Depois viram que não eram... Mas, para não ter problemas maiores, demos um tempo e depois voltamos a circular.[15]

Outra figura importante do jornalismo gay da década de 1960 é Anuar Farah. Sócio da Turma OK, ele ajudou a criar *O Snob* e lançou o *Le Femme*, em 1968. Nesse ano, ele e Guimarães fundaram a Associação Brasileira de Imprensa Gay (ABIG). Chegaram a realizar um encontro e algumas festas, mas o projeto não foi para frente. Guimarães colaborou com diversos jornais gays durante as décadas de 1960 e 1970, entre eles o *Okeizinho*, boletim informativo da Turma OK. Além disso, em 1967, ajudou Gato Preto a distribuir *Os Felinos*, jornal que fazia da autoironia e das brincadeiras suas marcas editoriais. No slogan, os editores anunciavam: "A cartilha do jornalismo gay. Um jornal que instrui divertindo e diverte ensinando".[16]

Em 1976, Farah criou, com a participação de Guimarães, o *Gente Gay*. O periódico, que era impresso, e não mimeografado, como os jornaizinhos caseiros dos anos 1960, foi considerado o primeiro "de uma onda de novas publicações que marcaram o início de um movimento politizado de gays e lésbicas no país".[17] Continha fotografias e era distribuído em bancas

---

15  Figari, Carlos. *Outras cariocas*, p. 409.
16  *Os Felinos*, dez./1968, ano II.
17  Macrae, Edward. "Em defesa do gueto". In: Green, James; Trindade, Ronaldo (orgs.), op. cit.

Capa da edição de junho/setembro de 2001 de *Okeizinho*

de jornal, pois, segundo Farah, a intenção era atingir o maior número de pessoas, com colunas especializadas e caráter mais informativo. Em São Paulo, em 1977, surgiram dois jornais também voltados para o público homossexual: *Entender* e *Mundo Gay*. Eram publicações menos politizadas, que apresentavam um roteiro de bares, boates e clubes frequentados por gays e lésbicas na cidade.

Fora do eixo Rio-São Paulo, o estilista baiano Waldeilton di Paula criou, em Salvador, diversos jornais e fanzines gays, produzidos artesanalmente. O mais conhecido foi o *Little Darling*, que depois passou a se chamar *Ello*. Di Paula editou também, de 1963 a 1967, o jornal *Fatos e Fofocas*, um único exemplar que circulava de mão em mão. A intensa produção de periódicos gays durante a década de 1960 e início da de 1970 no país diferencia-se dos jornais que surgiriam a partir de 1976, sobretudo pelo engajamento político e pela repercussão – não mais restrita ao gueto – que publicações como o *Lampião da Esquina*, ou a irreverente "Coluna do meio", do *Última Hora*, assinada pelo jornalista Celso Curi, alcançaram.

A partir de 1970, a história do jornalismo gay brasileiro estaria intimamente vinculada à existência de uma vigorosa produção da imprensa alternativa. Mesmo sob forte controle da ditadura, alguns jornais conseguiram criar pequenas ilhas de resistência – barricadas de tinta e papel – à censura. O jornalista e professor Bernardo Kucinski, em seu livro *Jornalistas e revolucionários: nos tempos da imprensa alternativa*, mostra que de 1964 a 1980 existiam no Brasil cerca de 150 publicações que faziam oposição direta ao regime militar. A imprensa alternativa, também conhecida como "imprensa nanica" por causa do formato tabloide dos jornais, tinha como principal objetivo denunciar violações de direitos humanos e criticar as ações políticas e econômicas dos militares.

Segundo Kucinski, os alternativos podiam ser divididos em dois grandes grupos. De um lado, jornais assumidamente políticos e ligados ao pensamento marxista, que defendiam a guerrilha urbana e acreditavam na revolução como meio de emancipação social da classe trabalhadora; seus objetivos eram denunciar os problemas do país, criticar a ditadura e conscientizar politicamente os leitores. De outro lado, publicações de jornalistas que rejeitavam "a primazia do discurso ideológico",[18] que estavam interessados em romper com as visões tradicionais, criticando não apenas a ditadura, mas a sociedade como um todo: Igreja, família, capitalismo, os costumes e o moralismo da classe média. Todos esses temas eram alvo de uma imprensa criativa, ousada, irônica, rebelde e insubordinada ao regime militar e às instituições sociais.

Visivelmente influenciados pelas ideias da contracultura, jornais como O Pasquim (1969-1991), Flor do Mal (1970), Bondinho (1972), Ex (1973), Beijo (1977) e Lampião da Esquina (1978-1981) desenvolveram projetos editoriais e gráficos que marcaram a história da imprensa brasileira e abriram espaço para que a sexualidade fosse, aos poucos, incorporada ao vocabulário de jornalistas e leitores. Embora apenas o Lampião da Esquina militasse de modo explícito a favor dos direitos dos homossexuais, publicações como Beijo e Flor do Mal, antes mesmo do surgimento do Lampião, já refletiam o desejo de colocar em prática o ideário da contracultura e falar da sexualidade mais abertamente.

---

18 Kucinski, Bernardo. *Jornalistas e revolucionários: nos tempos da imprensa alternativa*, p. xv.

## UM JORNAL RASGABIL, INFLAMABIL, SUJABIL...

Outra publicação alternativa que, apesar de não ser feita exclusivamente para o público gay, também abordava a questão da homossexualidade de maneira explícita e sarcástica foi o *Jornal Dobrabil*, fanzine do poeta Glauco Mattoso (também colaborador do *Lampião da Esquina*) que circulou no Rio de Janeiro entre 1977 e 1981.

Mattoso possui uma trajetória completamente diversa da de grande parte das pessoas que atuaram na imprensa gay brasileira. Inclassificável, o tímido bibliotecário que assumiu a homossexualidade "tardiamente" é um dos nomes emblemáticos da literatura marginal da década de 1970. Paulistano, Pedro José Ferreira da Silva adotou o pseudônimo Glauco Mattoso "para cuspir na doença que o tornaria cego".[19] Embora não tenha participado da agitação social que envolveu a geração do mimeógrafo, tornou-se um dos poetas mais insubordinados e polêmicos do país. Durante quatro anos, produziu e distribuiu o *Jornal Dobrabil*, nome que fazia referência tanto ao *Jornal do Brasil* como ao formato dobrável do fanzine. Ele conta:

> Quando resolvi fazer poesia, em 1974, não ambicionei preencher lacuna. Queria apenas brincar com alguns ingredientes da minha formação intelectual. A masturbação me levara a Bocage e a Sade;

---

[19] Mattoso, Glauco. *Jornal Dobrabil*. O pseudônimo Glauco Mattoso é uma referência a glaucoma, doença de que o poeta é portador desde criança. Em 1995, perdeu completamente a visão.

o teatro amador, a Ionesco, e este, aos mestres do humorismo, tipo Pitigrilli; os cursos de biblioteconomia e letras, à Biblioteca Mário de Andrade e à vanguarda concretista. Como nunca fui de me engajar política ou esteticamente, minha poesia não seria militante nem maneirista: teria que ser um pastiche daqueles ingredientes, uma somatória de tudo. A solução foi criar um panfleto onde as diversas tendências pudessem conviver caoticamente, como em qualquer órgão de imprensa. Se a década de 70 foi a época do apogeu da imprensa alternativa, nada melhor que fazer um jornal satírico e incluir o próprio jornalismo como elemento de paródia.[20]

O *Dobrabil* apresentava várias seções. "Galeria Alegria" era a que abordava mais explicitamente a questão homossexual: "Galeria Alegria – orgam de grande penetração no meio, membro de muitos movimentos e activista de varias posições, um trabalho picante e comicozinho de glauco espermattoso & pedro o glande – supplemento inseparabil do jornal dobrabil". Além da provocação no slogan, escrito exatamente como citamos, brincando com a língua portuguesa e utilizando trocadilhos, a seção trazia provérbios de duplo sentido, pequenos textos, manifestos e comentários pseudoliterários, como o próprio Glauco Mattoso define.

O jornal não era mimeografado, e sim datilografado, xerocado e distribuído pelo correio para importantes nomes da cultura brasileira, como Carlos Drummond de Andrade, Décio Pignatari, Tom Jobim, Augusto de Campos e Caetano

---

20 Mattoso, Glauco. *Jornal Dobrabil*.

Veloso. Os leitores, que recebiam em casa a publicação, nunca conheceram sua verdadeira numeração, já que todas as edições eram assinadas da seguinte maneira: "Número hum!!!! – anno: Xiiii!!". "Intencionalmente eu bagunçava tudo. Ninguém sabia qual era o verdadeiro número, qual a sequência do jornal", confessa o poeta.[21]

A subversão que começa na linguagem, brincando com gírias típicas do universo gay, como "hum", ganha sua expressão mais radical e complexa na forma como o fanzine era diagramado. Utilizando uma máquina de escrever Olivetti manual – estamos falando de um período pré-computador – e inspirado pela poesia concreta, Mattoso produziu um jornal gráfico, em que criava poemas visuais com as limitadas possibilidades da máquina de escrever.

"COLUNA DO MEIO"

Nascido no Bom Retiro, em São Paulo, em 1950, e, como ele mesmo diz, "jornalista de orelha", Celso Curi começou a escrever cedo. Aos 16 anos, redigia perfis e palavras cruzadas para uma pequena revista de São Paulo. No final da década de 1960, passou a trabalhar com Guilherme Araújo, um dos principais produtores culturais da época. O contato com o mundo artístico, sobretudo com os integrantes da Tropicália, chamou a atenção da polícia, e Curi, assustado com o clima político da ditadura

---

21 Glauco Mattoso. Entrevista à autora. São Paulo, 21/9/2009.

militar, optou pelo autoexílio. "Eu estava trabalhando no Teatro São Pedro e começaram a me procurar num apartamento que eu frequentava com umas 'pessoas estranhas'. Então eu fui embora, larguei os estudos."[22]

Em 1972, foi para Munique, onde teve acesso a um mundo que tratava os gays de modo diferente e discutia publicamente os direitos dos homossexuais. Curi conta que, quando chegou à Alemanha, viu na televisão o primeiro-ministro Willy Brandt fazer um pronunciamento no qual pedia às pessoas que estivessem sendo perseguidas por serem homossexuais que procurassem a polícia e denunciassem o fato. Enquanto no Brasil a mensagem que circulava era a de fugir da polícia, a Europa e os Estados Unidos se mobilizavam para a criação de leis que garantissem os direitos civis dos homossexuais.

Ao retornar para São Paulo, em 1974, Curi começou a trabalhar no *Última Hora*, onde se tornou editor do "Segundo Caderno". Ali, apresentou a ideia de escrever uma coluna sobre comportamento e cultura gay ao diretor do jornal, Samuel Wainer, que, embora tivesse gostado da proposta, achou que não era o momento apropriado. Algum tempo depois, Wainer deixou o *Última Hora* e criou o jornal *Aqui São Paulo*. Curi passou a escrever para as duas publicações. No *Aqui São Paulo*, fez o primeiro *outing* (declaração pública de homossexualidade) da imprensa brasileira, com o artista plástico Darcy Penteado, um dos fundadores do *Lampião da Esquina*. A entrevista teve grande repercussão na mídia, e Giba Um, editor do *Última Hora*, fez a

---

22 Celso Curi. Entrevista à autora. São Paulo, 22/9/2009.

proposta: "'Você ainda quer fazer a coluna?'. 'Quero', respondi. E então resolvemos começar", conta Curi.

Em 26 de fevereiro de 1976, o *Última Hora* inaugurou a "Coluna do meio", a primeira experiência, dentro da grande mídia, a abordar de maneira explícita temas de interesse da comunidade gay. Durante três anos, ela foi publicada diariamente. Curi utilizava o humor gay, a brincadeira e a ironia para fazer colunismo social e, também, para dar visibilidade às questões homossexuais, como relembra:

> A coluna tinha, além de uma função política importante, porque estamos falando de 1976, uma função social. Quando eu digo social, é no sentido de agregar pessoas excluídas. Na época, se falava em homossexuais e estes se viam como doentes. A coluna tinha esse desafio, promover um humor gay, que é muito forte, mas não podia ser publicado, e também tinha a função de dizer: "Não, nós não somos anormais. Se você está se achando um anormal, está enganado, pois tem um monte de gente que está saindo, indo às boates, namorando, encontrando pessoas e sendo feliz, apesar da ditadura militar".

Desde a primeira publicação, o jornalista deixou clara a proposta da coluna: "Existe uma grande diferença em fazer humor gay e humor sobre gay". Ele conta que as pessoas que entendiam essa sutileza adoravam os textos. Para produzi-los, Curi saía quase todas as noites, frequentava lugares gays e não gays de São Paulo, como boates, cinemas, saunas e clubes. "Era um olhar gay sobre a cidade."

A coluna passou a fazer grande sucesso e a ser lida não apenas pelo público homossexual. "As pessoas queriam saber o que estava acontecendo na cidade. Então eu dizia: 'Vá e aproveite, porque vai ter um festival de cinema em tal lugar e as filas são fantásticas'."

No entanto, com a repercussão, começaram a ocorrer manifestações de intolerância e indignação. O *Última Hora* recebeu dezenas de cartas anônimas, criticando e/ou pedindo o fim da coluna. Em uma delas, escrita com sangue, Curi foi ameaçado de morte. O jornal não deu atenção às ameaças anônimas, mas o colunista teve de responder a um processo movido pela Procuradoria Geral da República. A ação foi instaurada depois que ele publicou uma nota em que relacionava o papa Paulo VI ao homossexualismo. "Eu simplesmente comentei uma notícia internacional. Traduzi de uma revista italiana, que falava que ele teria tido um envolvimento afetivo com o ator italiano Giuliano Gemma. Então é claro que deu um escândalo. O papa na 'Coluna do meio'…"

O processo, amparado pela antiga Lei de Imprensa, transcorreu até 1979, quando Curi foi absolvido da acusação de atentado ao pudor, assim como da de fazer uso de "linguagem vulgar" e promover contato entre "seres anormais".

> O que mais incomodava era a forma como eu lidava com as palavras. O promotor achava um atentado à moral eu escrever "cidade MA-RA-VI-LHOOOO-SA", porque era uma coisa que tinha uma conotação "aviadada", vamos dizer. O processo dizia que, além de atentado à moral, tinha união de seres anormais, porque eu tinha uma

seção chamada "Correio Elegante", por meio da qual as pessoas se comunicavam umas com as outras. E eu respondi dizendo que anormal era quem comia macarrão com arroz e achava supimpa. E isso também está no processo.

Curi decidiu acabar com a coluna antes mesmo da conclusão do processo, não porque se sentisse pressionado, mas porque acreditava que já tinha dado sua contribuição ao debate sobre homossexualidade no Brasil. "Eu não tinha nem sido absolvido ainda e falei 'chega'. Achei que já tinha cumprido o meu papel." Com o fim da "Coluna do meio", o jornalista continuou a trabalhar em outros jornais e revistas, primeiro na *Pop*, revista voltada para jovens leitores. Além disso, assinou uma coluna gay na revista *Careta*, época em que decidiu mudar sua assinatura para *CuriCelso* – marca registrada com logotipo igual ao da Coca-Cola –, e escreveu para uma revista de Curitiba chamada *Peteca*, assinando a coluna "De cabo a rabo".

Desde 1979, sua principal atividade profissional está relacionada ao teatro. A partir de 1996, começou a editar o *Guia off de Teatro*, com a programação das peças teatrais em cartaz em São Paulo. Também é colaborador da revista gay *Junior*, na qual escreve matérias sobre teatro.

*Lampião da Esquina*

O período entre o final dos anos 1960 e meados dos de 1970 foi extremamente conturbado para o país. O AI-5 marcou uma das épocas mais violentas da ditadura militar brasileira, impondo um regime de censura prévia e repressão contra os principais jornais. A imprensa alternativa foi alvo sistemático de perseguição e controle. Jornalistas foram presos, torturados e assassinados, edições recolhidas, e grupos paramilitares explodiram bombas caseiras em bancas que vendiam publicações consideradas subversivas.

Paralelamente às denúncias e críticas feitas pela mídia alternativa, eclodiam diversos movimentos culturais e comportamentais de vanguarda. Novos Baianos, Cinema Udigrúdi, Caetano Veloso, Leila Diniz, Raul Seixas, Secos & Molhados e Dzi Croquettes – grupo teatral que se apresentava vestindo roupas e acessórios femininos, embaralhando as fronteiras entre os gêneros sexuais – eram alguns dos ícones da juventude brasileira.

Os jovens encontravam-se divididos entre duas opções: o engajamento político (inclusive em ações guerrilheiras) ou o "desbunde", atitude que se referia a aproveitar e viver a vida sem se preocupar com a política. A imprensa alternativa começou a refletir essa dicotomia. O *Pasquim* é representativo dessa nova geração de jornais que surgiram no final da década de 1960. Os projetos editoriais abandonaram o discurso puramente político e começaram a atacar, pela via do deboche e da sátira, tanto a ditadura militar como a caretice e o moralismo sexual vigentes. Embora a revolução de costumes dos anos 1970 sinalizasse maior aceitação da homossexualidade, a tríade família-Estado--Igreja ainda atuava (e atua) com violência sobre o corpo e o desejo dos indivíduos.

No final de 1977, o jornalista e ativista gay Winston Leyland, editor-chefe da *Gay Sunshine*, revista voltada para a comunidade homossexual, editada em São Francisco, Estados Unidos, visitou o país com o objetivo de conhecer escritores brasileiros e reunir textos para uma coletânea sobre literatura homoerótica na América Latina. O prestígio do jornalista, bem como o da revista – famosa pelas entrevistas com personalidades como Gore Vidal, Allen Ginsberg, Tennessee Williams e Jean Genet –, transformou a presença de Leyland em um acontecimento midiático. Durante essa temporada, ele participou de várias reuniões na casa de intelectuais brasileiros e concedeu entrevistas para revistas e jornais, como *IstoÉ*, *Veja*, *Folha de S.Paulo*, *O Globo* e *O Pasquim*.

Em um desses encontros, organizado pelo advogado João Antônio Mascarenhas na casa do artista plástico Darcy Penteado, em São Paulo, surgiu a ideia de lançar no Brasil uma publicação que tratasse diretamente da homossexualidade. "Nesse dia nasceu a proposta de criar um jornal feito por e para homossexuais e que tivesse um ponto de vista bem marcado

Edição número zero de *Lampião da Esquina*, de abril de 1978

sobre a questão dos direitos gays"[23], explica João Silvério Trevisan, um dos presentes à reunião, assim como o crítico de cinema e professor Jean-Claude Bernardet, o jornalista e escritor Aguinaldo Silva e o antropólogo Peter Fry.

Os quatro intelectuais, além de Penteado, juntaram-se a Adão Costa, Antônio Chrysóstomo, Clóvis Marques, Francisco Bittencourt, Gasparino Damata e João Antônio Mascarenhas[24] em torno da proposta e, em abril de 1978, foi publicado o número zero do jornal *Lampião da Esquina*.

A capa dessa primeira edição trazia uma reportagem sobre o processo que a União movia contra Celso Curi, responsável pela "Coluna do meio", e o editorial "Saindo do gueto" anunciava as aspirações do jornal:

> Mas um jornal homossexual, para quê? É preciso dizer não ao gueto e em consequência sair dele. O que nos interessa é destruir a imagem padrão que se faz do homossexualismo, segundo a qual ele é um ser que vive nas sombras, que encara sua preferência como uma espécie de maldição.[25]

---

23 João Silvério Trevisan. Entrevista à autora. São Paulo, 20/9/2009.

24 Adão Costa (jornalista e pintor), Antônio Chrysóstomo (jornalista especializado em música popular), Clóvis Marques (jornalista e tradutor), Francisco Bittencourt (poeta, crítico de arte e jornalista), Gasparino Damata (jornalista e escritor) e João Antônio Mascarenhas (advogado, jornalista e escritor), formavam o Conselho Editorial do jornal juntamente com Aguinaldo Silva, Darcy Penteado, Jean-Claude Bernardet, João Silvério Trevisan e Peter Fry, segundo pode ser lido no exemplar digitalizado do jornal fornecido pelo site www.grupodignidade.org.br. Disponível em: www.grupodignidade.org.br/cedoc/lampiao. Acesso em: 21/6/2011.

25 "Saindo do gueto", *Lampião da Esquina*, número zero, abr./1978.

O nome *Lampião*, além de fazer referência direta ao cangaceiro, conhecido por sua coragem e valentia, aludia à ideia de iluminar a cabeça das pessoas para novas concepções e comportamentos. O jornal diferenciava-se da imprensa gay que o precedeu pelo enfoque político que dava ao tema da homossexualidade. Sem abandonar o humor, o vocabulário gay, a ironia e o sarcasmo, oferecia "um tratamento que combatia a imagem dos homossexuais como criaturas destroçadas por causa do seu desejo, incapazes de realização pessoal e com tendência a rejeitar a própria sexualidade",[26] apostando em uma construção positiva da identidade gay.

Desde o início, a proposta do *Lampião* era, da ótica da contracultura e da imprensa alternativa do período, abordar não apenas temas gays, mas também assuntos polêmicos ligados a grupos minoritários, como o feminismo e a questão racial. Embora o jornal fosse editado e impresso no Rio de Janeiro, a equipe era composta por pessoas que moravam também em São Paulo. Uma vez por mês, o grupo se reunia para discutir as pautas.

Durante os três anos em que foi produzido, de abril de 1978 a junho de 1981, o *Lampião* publicou 36 edições. Trazia reportagens, entrevistas, ensaios, críticas e notícias sobre cultura, seção de cartas e colunas de opinião e humor, como "Bixórdia", assinada por Rafaela Mambaba. Esta, na realidade, era uma personagem inventada pelos editores, que utilizavam

---

26 Facchini, Regina; Simões, Júlio. *Na trilha do arco-íris: do movimento homossexual ao* LGBT, p. 85.

o espaço para fazer "fofocas, criticar e dar algumas alfinetadas", como relembra Trevisan. Além de criar um glossário gay, o jornal começou a utilizar termos que eram vetados na mídia tradicional e malvistos na imprensa alternativa da década de 1970, como "bicha", "lésbica", "boneca", "viado", "bofe" e "guei" (forma aportuguesada de *gay*). Trevisan conta que, na época, um amigo que trabalhava na *Folha de S.Paulo* um dia recebeu de volta um texto no qual a palavra "lésbica" havia sido riscada e substituída por "feminista". "Para você imaginar a ruptura que criamos. Antes, a palavra "lésbica" nem podia aparecer escrita no jornal."

As reportagens abordavam temas importantes e polêmicos, entre eles: a violência contra homossexuais e mulheres; o racismo; a masturbação; a prostituição masculina; a maconha; o sadomasoquismo; a Igreja e a homossexualidade, e o travestismo. As chamadas eram sempre ousadas: "Orgasmo vaginal", "O tabu do homossexualismo",[27] "O estupro como ato de poder", "A matança de bichas na Alemanha nazista", "A questão negra", "A doença heterossexual". Além das matérias especiais, eram publicadas entrevistas com personalidades da vida cultural e social brasileira, como Clodovil, Antônio Calmon, Darlene Glória, Ney Matogrosso, Leci Brandão e Fernando Gabeira.

Apesar do enfoque político que seu conteúdo apresentava, o *Lampião* abusava da ironia e do humor, criando campanhas

---

[27] Na época, a palavra "homossexualismo" ainda era utilizada pela imprensa gay. Na década de 1980, com o objetivo de desestigmatizar a homossexualidade, o sufixo *-ismo* foi retirado, e passou-se a falar em homossexualidade ou homoafetividade.

provocativas que tinham como alvo, também, a esquerda brasileira. "Não fique aí parado esperando a revolução. Tenha um orgasmo agora!!! Leia e assine *Lampião*", dizia um dos anúncios. "Finalmente: a UNE já pensa no prazer", afirmava o título de um artigo. Além da famosa capa de Fidel Castro travestido de Carmem Miranda, uma das reportagens que mais incomodaram a esquerda brasileira foi a da edição de julho de 1979 sobre o então líder do Sindicato dos Metalúrgicos de São Bernardo do Campo, Luiz Inácio Lula da Silva. Na matéria "Alô, alô, classe operária: e o paraíso, nada? Lula fala de greves, bonecas e feministas: chumbo grosso!", o jornal abordava o machismo e a homofobia da esquerda e do movimento sindical brasileiro. Durante cinco dias, uma equipe do *Lampião* esteve em São Bernardo, conversando com operários, com a diretoria do Sindicato dos Metalúrgicos e com o próprio Lula. No texto "ABC do Lula", ele dizia que feminismo era "coisa de gente que não tem o que fazer" e que homossexualismo na classe operária era algo que ele "não conhecia".

O *Lampião* foi o primeiro jornal gay de circulação nacional. Ao contrário das publicações da década de 1960, distribuídas de maneira clandestina e quase sempre gratuitamente, era vendido em bancas de jornal de várias cidades do país. "Conseguimos a duras penas montar um esquema de norte a sul. Foi espantoso, porque muitas bancas não queriam vender. Nós não conseguimos uma distribuidora nacional, eles se recusavam. Então, em cada região tinha uma distribuidora", conta Trevisan.

Embora a tiragem fosse relativamente alta para um veículo alternativo – entre 10 mil e 20 mil exemplares –, grande parte da

Edição de julho de 1979 de *Lampião da Esquina*

produção encalhava. Além disso, naquele período, não existia publicidade voltada para o público gay. Os poucos anúncios que apareciam nas páginas do *Lampião* eram de saunas ou boates. O jornal tentava sobreviver financeiramente por meio de assinaturas, o que, infelizmente, não garantia sua existência. Uma alternativa criada para driblar as constantes crises financeiras foi a venda de livros de temática homossexual, que o grupo passou a fazer pelo correio.

A "saída do armário" era um processo que os próprios editores e colaboradores do jornal estavam vivenciando, em um período extremamente complicado do ponto de vista político. Glauco Mattoso, que escrevia matérias para o *Lampião*, explica que muitos gays, como ele, estavam iniciando o processo de assumir a própria homossexualidade. "Nós nem tínhamos nos assumido direito e já estávamos dando a cara para bater." Trevisan relembra:

> Imagine, naquela época, final da década de 70, o que significava para um homossexual de uma cidade média ir até a banca e pedir um jornal de "viado". Normalmente o *Lampião* ficava escondido na própria banca. Então, o ato mesmo de comprar o jornal era uma espécie de saída do armário, uma forma de assumir.

*Lampião da Esquina* foi alvo de várias tentativas de sanções por parte dos militares, boicote dos donos de banca e atentados de grupos paramilitares, que explodiam bombas caseiras em locais que vendiam publicações alternativas ou consideradas pornográficas. Trevisan conta que esses grupos espalhavam folhetos, uma espécie de lista negra, com o nome de jornais que deveriam sair de circulação.

Embora o *Lampião* não tenha sido processado – como aconteceu com o jornalista Celso Curi –, ele foi alvo de vários inquéritos policiais. Em agosto de 1978, seus editores foram acusados de atentado à moral e aos bons costumes pelo Ministério da Justiça. Segundo Trevisan, a carta da Polícia Federal que solicitava o inquérito policial referia-se aos editores do jornal como pessoas que sofriam "graves problemas comportamentais". O documento pedia que eles fossem processados e enquadrados na Lei de Imprensa, podendo ficar até um ano presos. Conta Trevisan:

> A existência de um jornal gay era uma novidade, a própria polícia não sabia como se portar. Ela não sabia que tinha viado que pensava, que escrevia jornal e que parecia homem. Imaginavam que todos nós éramos desmunhecados ou travestis. Eu me lembro que, quando chegamos na delegacia, em Higienópolis, o delegado fez o interrogatório errado. Ele confundiu o processo, achando que se tratava de um caso de subversão. Ele nos perguntava: "Mas quando é que vocês foram para Cuba? O que vocês foram fazer lá?", e foi o escrivão que percebeu o equívoco. O interrogatório foi suspenso e remarcado. No outro dia, fomos novamente engravatados, e o delegado me perguntou: "Como é que o senhor quer que te chame?". E eu disse: "Pode me chamar de viado mesmo". Ele estava mais perturbado do que eu, porque tinha, diante de si, homens engravatados. Nós fomos engravatados de propósito, e ele não estava entendendo nada.

Todos os conselheiros do jornal foram intimados a depor. Anos mais tarde, Trevisan descobriu que um dos motivos que levaram à abertura do inquérito foi a matéria redigida por ele, publicada no número zero, criticando o processo contra Celso Curi. Em "Mas qual é o crime deste rapaz?", Trevisan tentava mostrar as idiossincrasias da sociedade brasileira e da ditadura, que se valia da Lei de Imprensa para impor sua moral homofóbica à população.

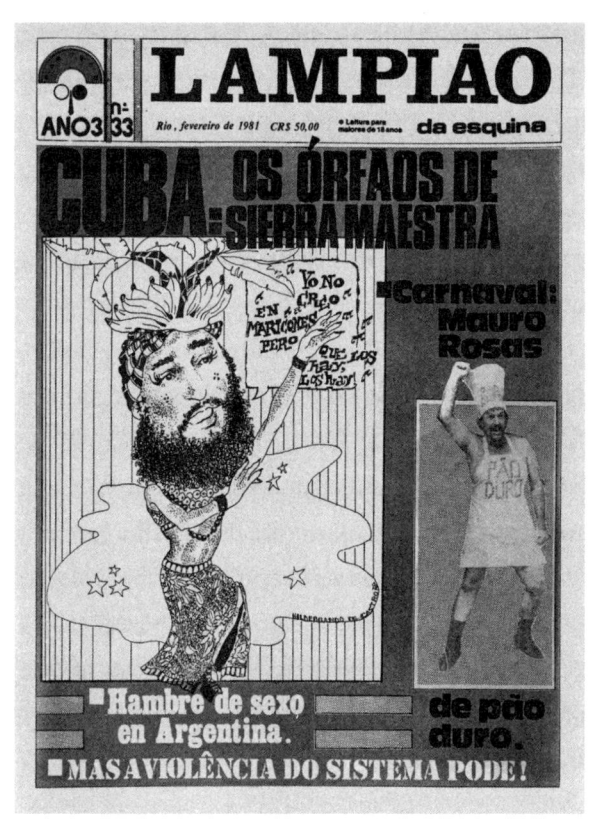

Edição de fevereiro de 1981 de *Lampião da Esquina*

O crítico e professor de cinema Jean-Claude Bernardet, que também foi obrigado a depor, recorda[28] que ficou sabendo do caso pela mídia. Ele estava em Salvador e leu no jornal a notícia de que os editores do *Lampião* estavam sendo acusados de fazer "apologia" da homossexualidade. Ele conta que um advogado o orientou a responder a todas as perguntas, mas de maneira

---

28  Jean-Claude Bernardet. Entrevista à autora. Belo Horizonte, 11/10/2009.

concisa, limitando-se ao "sim" e ao "não". "Quando o delegado me perguntou: 'Você acha que as pessoas devem ser homossexuais?', eu apenas respondi: 'Não!'."

Em 1979, como a polícia não encontrou provas suficientes para abrir um processo judicial contra o jornal, o inquérito foi arquivado. As acusações de proselitismo, atentado ao pudor e problemas contábeis eram pretextos do governo militar para impedir a circulação de um jornal gay no país, conforme descobririam mais tarde os pesquisadores Regina Facchini e Júlio Simões.

> Aparentemente, essas pressões se relacionavam à estratégia contida num documento do Centro de Informação do Exército, que havia sido vazada para a grande imprensa, em que se recomendavam medidas de pressão econômica para atingir a imprensa nanica. Esse documento fazia menção à existência de uma "imprensa gay que se dispõe a defender as atitudes homossexuais como atos normais da vida humana".[29]

Embora o *Lampião* tivesse onze conselheiros, duas figuras eram fundamentais em sua produção: Aguinaldo Silva, editor-chefe, que trabalhava na redação, no Rio, e João Silvério Trevisan, integrante mais ativo do conselho, em São Paulo. Ambos haviam participado, alguns anos antes, de movimentos políticos. Aguinaldo Silva, jornalista e escritor pernambucano, iniciou a carreira no *Última Hora*, de Recife. Com o golpe de 1964, o jornal foi fechado, e Aguinaldo mudou-se para o Rio de Janeiro, onde, além

---

29 Facchini, Regina; Simões, Júlio, op. cit., p. 88.

de atuar na imprensa alternativa, trabalhou para *O Globo* e o *Jornal do Brasil*. Antes do golpe, esteve ligado a militantes do Partido Comunista Brasileiro (PCB) e, em 1969, ficou preso durante 45 dias no presídio Ilha das Flores, no Rio de Janeiro, acusado de subversão, por ter escrito o prefácio da edição brasileira do livro *Diários de Che Guevara*. Nos anos 1970, participou da criação de dois importantes jornais alternativos do período: *Opinião* e *Movimento*.

> Fui chamado para escrever no *Opinião*, e dei um cunho mais popular e menos intelectual ao jornal. Isso provocou certo sucesso. Por causa disso, quando o *Opinião* acabou, eu fui convidado para ser um dos fundadores do jornal *Movimento*. Ou seja, eu já tinha certa experiência de jornalismo alternativo quando comecei a fazer o *Lampião*.[30]

Trevisan tem um extenso histórico de mobilização e participação política, tanto no Brasil como nos Estados Unidos – por exemplo, na Universidade de Berkeley, Califórnia, onde viveu por três anos, ele conheceu ativistas do Gay Liberation Front. Assim, era natural que a discussão acerca das decisões editoriais e políticas se concentrassem em torno dele e de Aguinaldo. No entanto, no final de 1979, desentendimentos de ordem prática e editorial, além dos recorrentes problemas financeiros e do que Trevisan chamou de "certo esgotamento ideológico", começaram a melindrar as relações dentro do jornal. Aguinaldo

---

30 Aguinaldo Silva. Entrevista à autora. Lisboa, 21/6/2010.

apontou esse esgotamento no editorial da edição 28, questionando se a publicação não "teria envelhecido, se acomodado, repetindo fórmulas e chavões"[31].

> Eu, na verdade, entrei no jornal não por ser um ativista, mas por ser jornalista. Essa foi a diferença básica. Eu acreditava que o *Lampião* tinha que ser um jornal porta-voz do ativismo, mas tinha que ser, também, um jornal alternativo, que qualquer pessoa pudesse ler com prazer. Essa era minha preocupação, não fazer um panfleto, mas um jornal [...]. Havia um grupo que achava que o jornal devia ser panfletário e não se preocupar em ter uma linguagem jornalística. E isso era um problema, porque um jornal que fosse só ativista acabava limitado. Nas reuniões de pauta, sempre havia discussões árduas em torno dessa questão.

Enquanto Aguinaldo propunha uma guinada editorial para que o *Lampião* continuasse a circular, Trevisan mantinha firme sua opinião de que ele deveria conservar suas características originais de contestação e lutar para dar visibilidade às questões que envolviam a comunidade homossexual. Em decorrência dessa cisão ideológica, Aguinaldo decidiu parar de editar o jornal e Trevisan propôs seu fim. Para ele, a publicação havia se tornado medíocre, com capas sensacionalistas e sem viés político.

Além dos problemas financeiros e dos "rachas" editoriais, enquanto existiu, o *Lampião da Esquina* refletiu outras cisões que faziam parte do cotidiano e das pautas de discussão do

---

31 *Lampião da Esquina*, n. 28, set./1980.

movimento gay brasileiro. É preciso lembrar que sua criação se deu quase paralelamente ao surgimento do primeiro grupo oficial de discussão dos direitos gays no Brasil, o Somos, fundado em 1979, em São Paulo.

Vários editores e colaboradores do jornal também faziam parte do Somos, o que criava certa simetria ideológica entre as publicações. No entanto, havia discordâncias no conselho editorial. Bernardet, por exemplo, divergia de algumas posições encampadas pelo *Lampião*. Ele conta que não era conhecido publicamente como militante gay. Escrevia algumas matérias sobre cinema para o periódico, mas era contra categorizações fixas. Para ele, a homossexualidade era uma forma de subversão. Nesse sentido, a proposta do movimento gay norte-americano (que inspirou grande parte dos militantes no mundo, inclusive no Brasil) de buscar a inserção dos homossexuais na sociedade lhe parecia uma contradição.

Glauco Mattoso também fazia críticas ao modelo norte--americano. Segundo o poeta, seu objetivo principal, dar visibilidade à luta homossexual, acabou reprimindo algumas opiniões. Ele questionava o modelo pós-Stonewall, que propunha a quebra dos papéis sexuais tradicionais – ativo/passivo – e a inexistência de relações sexuais de dominação.

> Acontece que nem todo mundo estava de acordo. A ideologia da época falava que ninguém iria dominar ninguém, e eu tinha uma personalidade sadomasoquista que pressupõe dominação. Tive que me reprimir dentro do grupo para compartilhar da luta geral.

Durante os três anos em que foi editado, o *Lampião* mobilizou a opinião pública para a discussão de temas antes invisíveis na grande mídia. Ao colocar em pauta a homossexualidade, reivindicando, com base na pluralidade de visões e opiniões, um olhar mais atencioso e crítico para a questão, o jornal ampliou o debate acerca dos direitos gays no país e se firmou como importante marco da imprensa alternativa no período da ditadura militar.

# Aids

Quem ousaria imaginar que todas as conquistas do movimento homossexual dos anos 1970 e as evocações do amor livre da contracultura sofreriam um golpe tão forte com a descoberta de um vírus transmitido, entre outras formas, sexualmente? Os primeiros casos diagnosticados de Aids (sigla em inglês para Síndrome da Imunodeficiência Adquirida) surgiram nos Estados Unidos no início da década de 1980 e, com a velocidade que caracteriza as pandemias, o vírus da imunodeficiência humana (HIV) espalhou-se pelo mundo, trocando o sonho da liberdade sexual por medo e culpa.

A imprensa gay brasileira, conhecida pelo humor e pela ironia, provocativa e insubordinada aos padrões sexuais convencionais, calou-se diante do temor que rondava a nova doença. Os movimentos em defesa dos direitos homossexuais também vivenciaram crises e conflitos ideológicos internos, e grande parte desses grupos se desmobilizou. Algumas exceções foram o Grupo Gay da Bahia, fundado em 1980, e o Triângulo Rosa, em 1985, de São Paulo, que continuam em atividade. Desarticulados diante da falta de informação, do preconceito e, principalmente, dos constantes ataques feitos aos homossexuais no início da epidemia da Aids, os gays compartilhavam do pânico que atingia a sociedade.

No livro *Devassos no paraíso*, João Silvério Trevisan avalia os impactos que a falta de informação e a culpabilização em relação à doença trouxeram à comunidade homossexual:

> Em São Paulo noticia-se que um casal de bichas se suicidou por medo da Aids. Depois de uma entrevista publicada na imprensa, a Dra. Valéria Petri, especialista em dermatologia, passa a receber uma média diária de 200 telefonemas locais e interurbanos, com gente aflita pedindo informações sobre a doença. [...] Um mês depois, já há oito casos em todo o estado [de São Paulo], com três óbitos. Descobre-se que, na verdade, a doença já começara a fazer vítimas brasileiras desde 1982, sem que os óbitos tivessem atraído atenção pública. [...] No gueto homossexual há um silêncio cada vez mais pesado. Sua vida noturna se esvazia, nas cidades mais atingidas como São Paulo.[32]

A inépcia da imprensa brasileira em lidar com o tema contribuiu para o clima de medo. A sociedade civil e o Ministério da Saúde demoraram a perceber a real dimensão da doença. No estado de São Paulo, a Secretaria de Saúde criou um programa para diagnóstico, prevenção e controle da doença, disponibilizando um número de telefone para tirar dúvidas da população. A iniciativa, porém, recebeu diversas críticas,

---

32 Trevisan, João Silvério. *Devassos no paraíso: a homossexualidade no Brasil: da Colônia à atualidade*, pp. 430-3.

tanto da mídia como da classe médica. No artigo "A doença errada", a revista *Veja* afirmava que as "doenças da pobreza" é que deveriam ter prioridade no Brasil. Criticando a implantação do Disque-Aids, o texto dizia que não existia uma epidemia da doença no país e que, embora servisse para "acalmar pessoas preocupadas com uma doença fatal", o serviço estaria deslocado, tratando-se de uma iniciativa mais útil em Nova York do que em São Paulo.[33]

Em seu livro, Trevisan descreve episódios ainda mais graves. Na Bahia, o jornal *A Tarde* publicou um editorial[34] que sugeria o extermínio de homossexuais como forma de "erradicar" a doença. Em Serra Pelada, Pará, garimpeiros considerados gays eram humilhados publicamente e expulsos da região. Em Florianópolis, a mãe de um paciente soropositivo foi proibida de frequentar os cultos da Assembleia de Deus. No Brasil inteiro, em cidades onde apareciam confirmações da doença, indivíduos eram discriminados e hostilizados publicamente.

Os homossexuais logo foram acusados e culpados da transmissão do vírus. "Encarnação do mal", "agente de contaminação", a homossexualidade estava, de novo, na berlinda. No livro *Aids e suas metáforas*, a escritora norte-americana Susan Sontag reflete

---

33 "A doença errada", *Veja*, p. 64, n. 784, 14/9/1983.

34 João Silvério Trevisan reproduz trecho do editorial "Tempo presente", (14/1/1985, *A Tarde*) em *Devassos no paraíso*: "A propósito da Aids, um editorialista de *A Tarde*, o mais importante jornal de Salvador, afirmava curto e grosso: 'Quando houve a peste suína no Brasil, a solução foi a erradicação completa dos porcos ameaçados de contágio. Portanto, a solução tem que ser a mesma: erradicação dos elementos que podem transmitir a peste guei'" (p. 443).

sobre o poder que as metáforas têm de falsear a realidade científica, criando uma paranoia generalizada na sociedade. Segundo a autora, as interpretações criadas em torno da Aids contribuíram para o estigma e o preconceito em relação à síndrome. Ela mostra que, ao associarem a Aids a termos como "praga" e "peste", os próprios portadores do vírus HIV são condenados moralmente, vítimas de um julgamento que interpreta a síndrome como consequência do excesso hedonista (sexo e drogas, sobretudo). Essa ideologia transfere para o paciente uma carga ainda mais pesada. A ideia da doença como castigo é retomada, assim como ocorreu no passado com a tuberculose e com a sífilis. Ou seja, para os indivíduos que atribuem a existência da Aids à homossexualidade, ela seria a punição divina pelos atos "anormais" cometidos e pela subversão das leis e das normas da sociedade heterossexual. Escreve Sontag:

> Uma doença infecciosa cuja principal forma de transmissão é sexual necessariamente expõe mais ao perigo aqueles que são sexualmente mais ativos – e torna-se fácil encará-la como um castigo dirigido àquela atividade. Isso se aplica à sífilis, e mais ainda à Aids, pois não apenas a promiscuidade é considerada perigosa, mas também uma determinada "prática" sexual tida como antinatural. Contrair a doença através da prática sexual parece depender mais da vontade e, portanto, implica mais culpabilidade.[35]

---

35 Sontag, Susan. *Aids e suas metáforas*, p. 32.

Se, de um lado, as estatísticas não paravam de crescer – relatórios do Programa de DST/Aids do Ministério da Saúde mostravam um crescimento de casos da ordem de 36% ao ano, entre 1987 e 1989 –,[36] passado o medo inicial, constatou-se que a doença atingia também indivíduos heterossexuais, usuários de drogas injetáveis e pessoas que realizavam transfusão de sangue, como os hemofílicos, e, mais importante, que o vírus HIV não se restringia a "grupos de risco", mas a "comportamentos de risco". Diante desse fato, a sociedade brasileira organizou-se para enfrentar a doença, iniciando campanhas de prevenção, disponibilizando medicamentos, realizando testes – um conjunto de ações que fez com que, em 1994, a Organização Mundial da Saúde (OMS) considerasse o país uma referência no tratamento de HIV/Aids.

O movimento gay passou então a se mobilizar contra a doença, considerando, como nunca, a homossexualidade um tema que precisava ser discutido abertamente pela sociedade. As campanhas do Ministério da Saúde, mesmo sofrendo censuras da Igreja Católica, abordavam o sexo entre homens e reforçavam a importância do uso de preservativos nas relações sexuais, fossem elas hétero ou homossexuais.

O Grupo de Apoio e Prevenção à Aids/São Paulo (Gapa) foi a primeira entidade na América Latina de apoio às pessoas que tinham a doença. Fundado em abril de 1985, surgiu para sanar a falta de atendimento e informação, agindo também

---

36 Os relatórios estão disponíveis em: http://www.aids.gov.br. Acesso em: 13/9/2011.

contra o preconceito. Nesse período, foram fundados novos grupos e associações, alterando o foco e as maneiras de atuar do movimento gay. Alguns deles começaram a editar pequenas publicações, cujo principal objetivo era esclarecer e divulgar informações, sobretudo para a comunidade homossexual, sobre a doença e as formas de contaminação.

A primeira iniciativa de publicar um boletim sobre o tema foi a do Grupo Gay da Bahia, em 1983. Pouco depois, surgiram os informativos *Pela Vidda*, fundado no Rio de Janeiro pelo ex--militante político Herbert Daniel, soropositivo que morreu em 1992, e *Voz Posithiva*, em Recife, da ONG Gestos. Na década de 1990, foram criadas outras publicações específicas sobre o HIV, como *Saber Viver* (Rio de Janeiro, 1999), *Grito de Alerta* (Niterói, 1994) e *Nós por Exemplo* (Rio de Janeiro, 1991), jornal sobre cultura e comportamento gay, que passou a circular com um caderno específico sobre o assunto, o "Agaivê hoje".

Segundo Trevisan, o surgimento e a articulação das ONGs em torno da questão propiciaram um novo tipo de ativismo gay, deflagrando o que ele chama de "epidemia da informação". Para ele, diferentemente do que muitas pessoas supunham nos anos 1980, a Aids conseguiu rearticular e mobilizar o movimento pelos direitos dos homossexuais.

Em relação ao modelo de imprensa gay que vinha sendo produzido na década anterior, observa-se grande lacuna nesse período. Apesar dos boletins editados pelos grupos de apoio, não houve nenhuma publicação mais significativa nos anos 1980. A exceção foi o jornal *Chana com Chana*, mantido pelo Grupo de Ação Lésbico-Feminista (Galf). Só a partir de 1990 a imprensa gay começaria a ressurgir no Brasil, com projetos e propostas editoriais inovadores, do ponto de vista do conteúdo e do design gráfico, como as revistas *Sui Generis*, feita no Rio, e *G Magazine*, em São Paulo.

# A imprensa lésbica

Mapear e conhecer publicações produzidas pelas lésbicas e voltadas para elas é ainda mais complicado do que percorrer o itinerário do jornalismo gay masculino no Brasil. Excluídas, ao longo da história, do mundo da política, das universidades e do jornalismo, as reivindicações femininas só começaram a ganhar visibilidade na imprensa a partir da segunda metade do século XIX, com o surgimento de jornais que tratavam de assuntos e questões do interesse das mulheres.

Segundo Nelly Novaes Coelho, pesquisadora da Universidade de São Paulo, o primeiro periódico criado e editado por uma mulher no Brasil foi o *Jornal das Senhoras*, fundado em 1852, no Rio de Janeiro, por Joana Paula Manso Noronha. A publicação pregava o direito à educação feminina e à emancipação da mulher. Em 1862, Júlia de Albuquerque Sandy Aguiar começou a editar, no Rio de Janeiro, *O Belo Sexo* e, em 1888, Josefina Álvares de Azevedo (irmã do poeta Álvares de Azevedo) criou, em São Paulo, o jornal *A Família*, cujas principais reivindicações eram pela permissão de votar e de ingressar na universidade.

No século XX, conquistas como o direito das mulheres ao voto, sancionado no país em 1932, e sua entrada no mercado de trabalho reorientaram o papel delas na sociedade. As primeiras ativistas lésbicas surgiram dentro de movimentos feministas nos Estados Unidos e na Europa e, posteriormente, no Brasil. Em 1970, mulheres da classe média urbana brasileira que lutavam contra a ditadura militar começaram a perceber a resistência dos partidos e das organizações de esquerda em discutir temas como machismo, relações de gênero, feminismo e homossexualidade, que para eles eram secundários. Diante dessa situação, algumas mulheres passaram a se organizar em pequenos grupos e a publicar jornais que, além de tratar das questões de interesse próprio, combatiam a ditadura e denunciavam o machismo existente em tais partidos e organizações.

Nesse período, foram lançados os jornais *Brasil Mulher* (que circulou entre 1975 e 1980) e *Nós, Mulheres* (de 1976 a 1978). Ambos tinham forte influência marxista e defendiam a emancipação social das mulheres, mais preocupadas com a revolução social do que com uma mudança de costumes, o que levou, posteriormente, a uma cisão entre feministas e lésbicas. Algumas mulheres, ex-integrantes de associações e movimentos feministas, passaram a integrar grupos ligados exclusivamente à questão lésbica. Ao se distanciarem do feminismo tradicional, elas apostavam em novas estratégias políticas de luta e representação, criando espaços próprios de discussão e reivindicação de direitos.

A paulistana Míriam Martinho, uma das primeiras mulheres a integrar o grupo Somos e personagem relevante para o surgimento e a continuidade da imprensa lésbica no Brasil,

Edição de agosto de 1985 do *Chana com Chana*, editado em São Paulo

Edição de fevereiro/maio de 1987 de *Chana com Chana*

conta[37] que o grupo paulista era dividido em vários núcleos, entre eles o Lésbico Feminista (LF), do qual faziam parte ela e Rosely Roth, outra pioneira do movimento lésbico brasileiro, falecida em 1990. Naquela época, o mais importante jornal gay que existia no país era o *Lampião da Esquina*, que, embora

---

37 Míriam Martinho. Entrevista à autora. São Paulo, 20/9/2009.

tentasse abarcar em suas páginas a homossexualidade de modo geral, era feito exclusivamente por homens.

Segundo Martinho, o *Lampião* convidou as integrantes do Somos para produzir uma matéria sobre lesbianismo. A partir daí, algumas militantes decidiram criar o Grupo Lésbico Feminista, responsável pela produção do primeiro jornal lésbico do Brasil, o informativo *Chana com Chana*, lançado em 1981. No início, a publicação tinha tiragem pequena, era feita artesanalmente e distribuída para um pequeno grupo de lésbicas em São Paulo, como explica Martinho: "Não tínhamos dinheiro para fazer um tabloide. Simbolicamente, foi muito importante editar o jornal naquele período". Em janeiro de 1981, o grupo se desfez, e Martinho, Roth e Eliana Galti fundaram o Grupo de Ação Lésbico-Feminista (Galf), retomando a publicação do *Chana com Chana*, em 1982.

O Galf procurava incentivar discussões ligadas à homossexualidade, e o *Chana com Chana* era uma forma de dialogar com a comunidade lésbica. As próprias participantes do grupo encarregavam-se de difundir o fanzine em outras capitais, durante congressos, e também em bares e boates de São Paulo.

Um acontecimento envolvendo a distribuição do *Chana com Chana* marcou uma importante data para o movimento gay no país, no episódio que ficou conhecido como o "Stonewall brasileiro". O boletim era vendido e distribuído em vários pontos da cidade de São Paulo. Um dos principais pontos de encontro de lésbicas, naquele período, era o Ferro's Bar, próximo da praça Roosevelt e do bairro do Bixiga. Embora a maioria das frequentadoras fosse lésbica, os proprietários passaram a impedir a entrada de integrantes do Galf para vender a publicação. Em 23 de julho de 1983, seguranças do estabelecimento tentaram colocar as militantes para fora. Houve resistência, as clientes apoiaram o grupo, e a polícia foi chamada. Ao contrário do que aconteceu em Nova York, onde clientes e policiais entraram em confronto, a polícia permitiu que o grupo continuasse no bar, mas com a condição de que não tentasse mais vender o boletim no local. "Era uma contradição, nós fomos proibidas de vender uma publicação lésbica num bar sustentado por lésbicas", comenta Martinho.

A partir desse fato, o grupo organizou uma manifestação em protesto às represálias que vinha sofrendo. A "invasão" do Ferro's Bar aconteceu na noite de 19 de agosto de 1983, com a presença de dezenas de lésbicas, militantes gays, intelectuais e estudantes. A mídia deu grande repercussão ao fato. Ironicamente, a frequência ao bar aumentou, e as integrantes do Galf conseguiram o direito de vender o boletim.

O *Chana com Chana*, que ao longo dos anos mudou de formato, foi publicado até 1987, quando o Galf se transformou na ONG Rede de Informação Um Outro Olhar. Martinho explica que essa transição foi resultado de transformações internas que já vinham acontecendo dentro do grupo. A ONG passou a ter como foco a informação e os direitos lésbicos. Em 1988, começou a publicar o fanzine *Um Outro Olhar*, cuja tiragem também era pequena, no máximo trezentos exemplares, que circulavam em São Paulo e eram enviados por correio para outros estados. O boletim foi editado até 1995, ano em que se transformou em revista, mantendo o mesmo nome. Produzida em papel cuchê,

Manifestação no Ferro's Bar, em São Paulo, em 19 de agosto de 1983

com várias seções e reportagens, a publicação contava com uma equipe pequena. Foi o periódico lésbico que mais tempo sobreviveu às resistências do mercado editorial brasileiro e aos constantes problemas financeiros, tendo sido extinto em 2002. Martinho conta:

> *Um Outro Olhar* começou como boletim e depois virou revista. Nós não tínhamos condição financeira para aumentar a tiragem, conseguir uma distribuidora que fizesse a revista chegar a mais lugares, foi ficando difícil. Nosso trabalho era voluntário. Era um trabalho muito grande e um retorno muito pequeno.

Durante os anos 1980, outras publicações lésbicas, também de circulação restrita e produção artesanal, existiram no país, como o *Boletim Iamaricumas*, feito no Rio de Janeiro pela associação de mesmo nome; o *Boletim Amazonas*, do Grupo Libertário Homossexual da Bahia; o jornal *Xerereca*, editado pela jornalista Rita Colaço no Rio de Janeiro; e o *Boletim Ponto G*, do Grupo Lésbico da Bahia.

De 1993 a 1995, Tânia Thomé e Mônica Camargo, integrantes do Afins – Grupo de Conscientização e Emancipação Lésbica de Santos (SP) –, mantiveram a revista *Femme*, que trazia notícias sobre a comunidade lésbica, além de artigos sobre cultura, comportamento, literatura, turismo, saúde, entrevistas e uma seção de correio sentimental. Outras publicações da década foram o GEM, produzido pelo Grupo Estação Mulher; o *Deusa Terra*, editado pela organização de mesmo nome; a *Lesbetária*, feita por um grupo de lésbicas feministas de São Paulo; e o *Boletim Folhetim*, do Movimento D'Ellas.

Nessa época, outras mulheres, como a jornalista e escritora Vange Leonel, a curadora do Festival Mix Brasil de Cinema da Diversidade Sexual, Susy Capó, e a escritora e editora Laura Bacellar passaram a participar do mercado editorial gay no Brasil. Em 1997, Leonel começou a escrever para a revista *Sui Generis*, abrindo espaço para a questão lésbica dentro da imprensa gay masculina. Também colaborou com a *G Magazine* e a *Folha de S.Paulo*, publicou contos na *Femme* e se tornou colunista do portal Mix Brasil. Em seu blog, ela se apresenta como "cantora, compositora, colunista GLS e protoescritora, lésbica e feminista". Transformou-se em referência na imprensa gay feminina, lançou quatro livros de ficção e criou peças teatrais. Para a escritora, é possível estabelecer um diálogo com a sociedade heterossexual mesmo sem fazer militância, apresentando as questões de modo menos radical.

> Descobri que podia escrever colunas sobre homossexualidade, adicionando lirismo, humor, sem ser militante, pedante ou chata. A recepção que tive foi ótima. Acredito que a vida como lésbica fora do armário me ensinou a tratar do assunto de maneira firme, mas sem ser grossa, o que faz com que minhas colunas e textos sejam bastante apreciados por heterossexuais também. Nunca gostei de retratar gays como vítimas, nem me interessa cavar um fosso intransponível entre héteros e homossexuais.[38]

Nos últimos anos, novas tentativas de produzir e manter publicações impressas para lésbicas foram empreendidas. Responsável por um site de sucesso, que chegou a ter 250 mil acessos por mês, a jornalista e DJ paulistana Nina Lopes lançou em 2006 a *Sobre Elas*. A revista, que teve apenas duas edições, era distribuída gratuitamente em bares e boates e enviada pelo correio para outras cidades. Outra publicação para o público lésbico foi a *Entre Elas*, criada em 2008. Embora se autointitulasse uma revista a favor dos direitos dos LGBTs (lésbicas, gays, bissexuais, travestis e transexuais), as imagens e as representações que fazia das mulheres se aproximavam mais da pornografia produzida para consumo de homens heterossexuais.

---

38 Vange Leonel. Entrevista à autora. São Paulo, 23/11/2009.

Não resistiu às dificuldades financeiras e também deixou de circular em 2008.

Várias questões podem ser levantadas para explicar a inexistência de uma publicação impressa voltada para as lésbicas no país, desde o fato de elas não se assumirem até a profusão de revistas femininas que existem no mercado. Para a editora e escritora Laura Bacellar, as lésbicas ainda são um segmento invisível no Brasil. "Como são uma minoria discreta, as pessoas esquecem que elas existem", afirma. Nina Lopes acredita que a principal barreira é, ainda, o preconceito.

> É preciso muita coragem para romper uma barreira tão densa e empedernida. O país é ainda muito machista e preconceituoso. Para algumas, há o medo de perder a guarda dos filhos, para outras, o medo da reação da família e dos amigos, e, para todas, o medo de não serem aceitas exatamente como são, independentemente da sexualidade. É uma luta árdua, mas deve ser constante. As que vão na frente vão abrindo caminho para as que vêm atrás.[39]

Nos Estados Unidos e na Europa, algumas revistas já estão no mercado há anos e mantêm um público fiel, como a *Curve* (norte-americana, criada em 1990) e a *Diva* (inglesa, lançada em 1994). Os norte-americanos, por exemplo, investem em representações mais positivas do lesbianismo, como a série de TV *The L Word*, que mostra um grupo de amigas lésbicas e seu cotidiano. Também nos Estados Unidos, personalidades como

---

39 Nina Lopes. Entrevista à autora. São Paulo, 20/1/2010.

Susan Sontag (1933-2004), a ensaísta Camille Paglia, a fotógrafa Annie Leibovitz e as atrizes Ellen DeGeneres, Cynthia Nixon e Jodie Foster assumiram publicamente sua homossexualidade, o que abre espaço para que outras pessoas possam também manifestar sua orientação sexual. No Brasil, a situação é bastante diversa, e são poucas as mulheres públicas que assumiram a homossexualidade.

# Mercado gay e dinheiro cor-de-rosa

A década de 1990 trouxe novos significados para a noção de identidade e incorporou, passado o pânico em torno da Aids, novas formas de expressão e vivência da homossexualidade. A imprensa, espelho fragmentado e imparcial da realidade, acompanhou o surgimento de um mercado especificamente gay: sites, revistas, agências de viagem, planos de saúde, cartões de crédito, casas noturnas e eventos culturais – um conjunto cada vez maior de produtos voltados para o público homossexual, que, atualmente, movimenta bilhões de dólares no mundo todo. Para que se tenha uma ideia do potencial de faturamento desse mercado: a Parada Gay de São Paulo de 2010, considerada o maior evento gay do mundo, fez circular R$ 188 milhões, segundo dados da São Paulo Turismo (SPTuris), empresa de turismo e eventos da cidade de São Paulo. A pesquisa foi realizada pelo Observatório do Turismo da Cidade de São Paulo, núcleo de estudos e pesquisas criado pela SPTuris em 2008, e se refere a gastos com hospedagem, alimentação, transporte, entretenimento e compras.

No Brasil, depois da morte do cantor Cazuza, em 1990, em decorrência da Aids, alguns cantores e escritores, como Cássia

Eller, Caio Fernando Abreu, Ney Matogrosso e Renato Russo, começaram a expor com mais liberdade sua orientação sexual. Houve também, principalmente nos grandes centros urbanos, aumento no número de boates, bares e eventos culturais gays que passaram a dialogar mais com as festas héteros.

    A sigla GLS (gays, lésbicas e simpatizantes) veio dar nome a esse recém-inaugurado segmento de mercado. A mídia gostou do termo, que fazia referência a um modelo de carro muito vendido na época, o Gol GLS. André Fischer, diretor-executivo do Grupo Mix Brasil e criador da sigla, conta que ela foi lançada em 1994, na primeira edição do Festival Mix Brasil de Cinema da Diversidade Sexual. "Observamos que o público não era formado apenas por gays e lésbicas, mas também por pessoas interessadas em cultura. Resolvemos chamar esse grupo de simpatizantes."[40] Ele explica que GLS é um conceito da área de marketing, uma versão brasileira para aquilo que os norte-americanos chamam de *gay friendly*. O *gay friendly* se refere ao comportamento tanto dos indivíduos (simpatizantes) como das instituições e empresas que demonstram atitudes de respeito à diversidade sexual, adotam posturas inclusivas, com ações que não excluem homossexuais e, ao contrário, se mostram receptivas a eles.

    O denominado *pink money* – outro termo criado pelos norte-americanos – representou uma mudança significativa a partir dos anos 1990. Com a consolidação de um mercado de serviços específicos para o público gay, ampla rede de conceitos,

---

40 André Fischer. Entrevista à autora. São Paulo, 19/9/2009.

produtos e tendências passou a orientar e a fazer parte do cotidiano dos gays de classe média que viviam nas grandes cidades. A noção de identidade, tão importante para os militantes e jornalistas das décadas de 1970 e 1980, foi sendo gradualmente substituída pela de "consumidor" ou "público gay". Acusada de superficial, consumista e apolítica, a sigla GLS encampou movimentos e projetos diversos, entre eles a *Sui Generis*. Lançada em 1995, no Rio de Janeiro, foi a única publicação desse período que conseguiu dialogar tanto com o lado considerado mais mundano da cultura gay (festas, moda e boates) como com os movimentos sociais e as questões colocadas pela militância. Esse meio-termo garantiu o sucesso e a recepção da revista, que buscava apresentar aos leitores um produto gráfico e editorial de boa qualidade jornalística.

Produzida pelo grupo SG Press, que pertence ao jornalista carioca Nelson Feitosa, a *Sui Generis* é considerada o principal acontecimento da imprensa gay brasileira pós-*Lampião da Esquina*. A revista abordava temas diversos, como cultura, moda e militância. A grande novidade, porém, era a maneira como o conteúdo era tratado, pois as matérias visavam, além do público gay, atrair também leitores heterossexuais.

A primeira edição reflete essa proposta, a começar pela capa, com a imagem do vocalista da banda inglesa Pet Shop Boys e a manchete "Neil Tennant abre o jogo: 'I am gay'". Além do *outing* de um dos principais ídolos da música pop dos anos 1980, havia uma entrevista com o escritor Caio Fernando Abreu, que falava sobre Aids e hipocrisia sexual, e um perfil da cantora Cássia Eller, escrito por Renato Russo – ou seja, alguns dos principais ícones da cultura gay brasileira estiveram presentes na edição de estreia da revista. A *Sui Generis* contava com uma equipe de colaboradores e colunistas que já atuava e conhecia a cena gay: André Fischer e Suzy Capó, responsáveis pelo Festival Mix Brasil; Erika Palomino, jornalista de moda e cultura; Vange Leonel; Luiz Mott, fundador do Grupo Gay da Bahia, e João Silvério Trevisan.

José Viterbo, diretor-executivo da revista, conta como surgiu a ideia de lançar a *Sui Generis*:

> Um dia saiu uma matéria bacana na coluna da Mara Caballero, do jornal O *Globo*, falando de uma revista gay que seria lançada nos Estados Unidos. De fato, essa revista nunca foi lançada, mas a notícia contava um pouco da história da revista OUT. Nós nunca tínhamos escutado falar que essas coisas existiam. O Nelson [Nelson Feitosa, idealizador e editor-chefe da *Sui Generis*] leu aquilo e ficou fascinado. Ele falou: "Poxa, podia fazer um negócio assim, podia fazer um negócio assim".[41]

Pouco tempo depois, em 1994, Feitosa e Viterbo viajaram para os Estados Unidos. Voltaram para o Rio com diversas publicações dirigidas ao público homossexual, norte-americanas e europeias, e o desejo de criar uma revista gay no Brasil. Feitosa apresentou a ideia para amigos e jornalistas, que se interessaram e ajudaram a publicar o número zero. A pretensão inicial era que a revista circulasse, sobretudo no Rio de Janeiro.

41 José Viterbo. Entrevista à autora. Rio de Janeiro, 12/10/2009.

No entanto, com a sexta edição, que trazia na capa o ator André Gonçalves, a publicação estourou nacionalmente. Na época, o ator interpretava Sandrinho na novela *A próxima vítima*, da TV Globo. Com a manchete "Sandrinho: a vingança gay no horário nobre da Globo", a *Sui Generis* discutia a repercussão que o personagem vinha causando no público. Dizia o artigo:

> Esse personagem inaugura o primeiro gay normal da história da televisão brasileira. Sua atitude positiva tem significado mais revolucionário que o tal namoro – barulhento fora do vídeo e meio chocho na tela – com o conturbado Jefferson. Se a audiência permitir, Sandrinho acaba virando a Brigitte Bardot da causa gay e lésbica. Ele tem força para se tornar um símbolo de massa. E a televisão, o poder de apresentar aos brasileiros comuns a história de um cara gay, *out, proud*,[42] gente boa, com família e namorado. Bem melhor que qualquer imagem nossa já mostrada na TV.[43]

Na reportagem, o autor de *A próxima vítima*, Silvio de Abreu, falava do cuidado que teve ao colocar dois personagens gays na trama, já que não queria que o fato se transformasse em escândalo, mas ajudasse as pessoas a entender e a aceitar, com mais tranquilidade, uma relação homossexual. O principal feito da novela foi a mudança de perspectiva na representação que,

---

42 *Out*: na gíria gay, pessoa que assume a homossexualidade; *proud*: em inglês, orgulhoso.

43 "Sandrinho: a vingança gay no horário nobre da Globo", *Sui Generis*, n. 6, nov./1995.

tradicionalmente, era feita dos homossexuais na TV brasileira, mostrados ou de maneira caricatural e exagerada, ou como vítimas da própria sexualidade.

A *Sui Generis* tinha uma tiragem média de 30 mil exemplares e foi editada até 2000. Como quase todas as publicações gays, também passou por problemas financeiros. Uma das alternativas encontradas pelos editores foi lançar, em 1997, a *Homens*, revista erótica, com fotos, classificados, histórias em quadrinhos e pouco conteúdo jornalístico.

Em 1997, dois anos após o lançamento da *Sui Generis*, outra publicação começou a criar polêmica no mercado editorial gay, a *G Magazine*. Inicialmente chamada *Bananaloca*, só a partir do quinto número os editores mudaram o nome da revista, que inovou no campo da imprensa erótica do país, ao apresentar nus homens famosos, como atores, modelos e jogadores de futebol, além de conseguir reunir assuntos que pareciam antagônicos: nudez masculina, informação geral e militância política.

Criada pela jornalista e empresária Ana Fadigas, ex-proprietária da Fractal Edições, a *G Magazine* tinha o compromisso de publicar notícias sobre homofobia e direitos homossexuais. Para isso, contava com uma equipe de jornalistas e colunistas que incluía João Silvério Trevisan, Luiz Mott, Vange Leonel e Glauco Mattoso. Conta Fadigas:

> Sem nenhuma dúvida o perfil editorial da *G Magazine*, durante os dez anos em que comandei a revista, era de ser uma publicação com muita informação, comportamento e compromisso com a luta dos

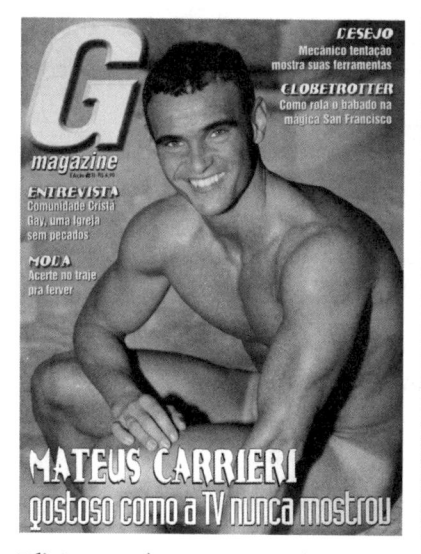

Edições n. 2, de 1998, e n. 99, de 2005, da G Magazine, lançada em 1997

LGBTs. A cada edição, fomos solidificando nossa responsabilidade com a verdade, com o bom jornalismo e a sinceridade na relação com o público. Os homens nus fizeram história, pois abriam alas para nossas palavras. A G Magazine foi a primeira, e acho que a única, revista de nudez masculina que desnudou – em frente e verso –, com todas as letras, homens famosos, jogadores de futebol, atores, cantores, muitos deles conhecidos no mundo todo. O nu de homens famosos com ereção foi mostrado pela G durante dez anos, dando visibilidade ao desejo homossexual. Sem pecado e sem hipocrisia.[44]

Fadigas recorda que, no início, os fotógrafos e os jornalistas que produziam a G Magazine temiam assinar seus trabalhos,

---

44 Ana Fadigas. Entrevista à autora. São Paulo, 12/10/2009.

com receio de não serem chamados para trabalhar em outros veículos. Muitos deles adotaram pseudônimos. Entretanto, com o tempo e com a receptividade positiva da publicação, esses problemas foram desaparecendo. O que não mudou foi a velha resistência dos empresários e donos de bancas de jornal em vender a revista, a mesma dificuldade que os jornalistas haviam enfrentado nas décadas de 1970 e 1980.

O primeiro "famoso" a sair nas páginas da G Magazine foi o ator Mateus Carrieri. Depois foram realizados ensaios fotográficos com o também ator Alexandre Frota, que posou quatro vezes; o jogador de futebol Vampeta; os cantores Roger, do Ultraje a Rigor, e Latino; o atleta Robson Caetano; e o ex-guitarrista da banda inglesa Duran Duran, Warren Cuccurullo, entre outros.

Em sua melhor fase, a revista chegou a ter uma tiragem de 100 mil exemplares, mas a média mensal era de 60 mil. Em fevereiro de 2008, depois de lutar vários anos contra inúmeras dívidas, foi vendida para o grupo norte-americano Ultra Friends International. Fadigas explica que, por causa da crise financeira, encontrou-se em uma encruzilhada: ou fechava a revista, ou a vendia. Decidiu-se pela segunda opção, por acreditar na importância da publicação e na história que ela construíra ao longo dos anos. Os novos editores fizeram uma grande reestruturação editorial. As colunas perderam espaço, assim como as matérias de comportamento. A G Magazine, que quando surgiu pretendia aliar militância e erotismo, vem se transformando em uma revista exclusivamente erótica, já que diminuiu o número de matérias e aumentou o de ensaios fotográficos.

Os problemas financeiros parecem ser denominador comum na trajetória das publicações impressas criadas na década de 1990. Para que não fechem e mantenham o mesmo formato, algumas editoras precisam, paralelamente, lançar revistas pornográficas. A Fractal, editora da *G Magazine*, publicou *Lolitos, Transex, Top Secret, Premium* e *Fotonovela Gay*, e a SG Press, da *Sui Generis, Homens* e *Sodoma*.

De certa maneira, com o fim da *Sui Generis* e a mudança da *G Magazine*, criou-se, novamente, uma lacuna na imprensa gay brasileira. Apostando nas matérias de cultura e comportamento e no homoerotismo light (fotos insinuantes e eróticas, mas que não apresentam nudez completa), surgiram, no final de 2007, duas novas revistas: *Junior*, editada pelo Grupo Mix Brasil, e DOM – *De Outro Modo*, da editora Peixes. Ambas apresentavam propostas editoriais parecidas, ancoradas no que o publicitário Pedro Sampaio chama de "militância de mercado". Para ele, essa "militância" está focada em três pontos: o que os gays consomem, como se comportam e quem são seus ícones. As duas publicações abordavam temas como artes, moda, comportamento, viagens, saúde, bares e boates, tecnologia, beleza, carreira. Traziam, também, inúmeras páginas de ensaios fotográficos, com modelos quase sempre usando roupas de marcas famosas.

A *Junior* foi lançada em outubro de 2007, com uma tiragem média de 30 mil exemplares. A princípio, era publicada trimestralmente. Após algumas reformulações, diminuiu a tiragem, mas aumentou a periodicidade. Hoje é mensal e distribuída para 158 cidades brasileiras e 18 portuguesas. No editorial da primeira edição, "Chegou a hora", as pretensões da revista são apresentadas pelo editor André Fischer:

> Você sabe há quanto tempo acompanhamos a efervescência do mercado editorial gay no exterior? Anos e anos, morrendo de vontade de fazer uma revista bacana por aqui. Ela seria assumida sem ser militante, sensual sem ser erótica, cheia de homens lindos, com informação para fazer pensar e entreter. [...] Conhecemos bem de perto as especificidades da comunidade gay no Brasil. Tudo aqui tem uma lógica própria [...]. Mesmo sem saber exatamente quantos somos e onde estamos, acabamos evidenciando nossa existência pelo vigor de nosso mercado [...]. Apesar da enorme visibilidade conquistada na última década, o segmento conseguiu se organizar mais efetivamente em torno de nichos específicos na internet, noite e sexo. Outras áreas como turismo e moda já descobriram que não vivem sem nós. Outros estão começando a entender isso agora [...].[45]

A mensagem é clara e expressa a visão de alguém que há mais de quinze anos atua no mercado GLS. Embora tenha formação de economista, Fischer sempre trabalhou com comunicação. Talvez essa clareza de objetivos, bastante criticada pela militância na década de 1990 – "diziam que eu estava atrás do *pink money*", conta o editor –, seja a responsável pela existência da principal empresa de atividades e serviços voltados para o público gay, o Mix Brasil. Fundado em 1993, o grupo é responsável

---

[45] "Chegou a hora", *Junior*, n. 1, out./2007.

Edição n. 14, ano III, da revista *Junior*, lançada em 2007

pela criação e manutenção de dez sites voltados para o público gay. Além da revista *Junior*, produz, também desde 1993, o primeiro e mais importante festival de cinema de temática gay do Brasil, o Festival Mix Brasil de Cinema da Diversidade Sexual, possui uma rádio na internet e realiza, anualmente, o concurso Mister Gay. "Mesmo com o aumento da visibilidade, ainda é difícil manter uma revista", explica Fischer.

A DOM, também lançada em 2007, apresentava uma proposta editorial inspirada na *Sui Generis* e se mostrava aberta tanto ao público gay como aos *gay friendly*. No entanto, não conseguiu se livrar dos problemas financeiros e administrativos e fechou em agosto de 2009. Em seus últimos meses de existência, foi publicada pela Fractal Edições, a mesma que produzia a *G Magazine*. Leitores e jornalistas, principalmente os que escrevem em sites voltados para o público gay, levantaram a hipótese de que o mercado brasileiro não estaria preparado para duas revistas com perfis editoriais tão parecidos.

Fischer avalia o fechamento da DOM como um problema que mostra que os empresários brasileiros ainda não estão dispostos a realmente investir no mercado editorial gay. Para ele, é preciso conhecer muito bem os consumidores homossexuais para ter sucesso com uma publicação, assim como ter compromisso com a questão homossexual. "Uma editora que não tem compromisso com a causa fechará a sua revista em um ano, se ela der prejuízo", diz.

Em 2008, o Grupo Lopso de Comunicação lançou outra revista voltada para o público gay masculino, a *Aimé*. Inspirada no modelo editorial de publicações internacionais e editada nos primeiros meses por Ana Sodré, pretendia ter como público um "leitor formador de opinião, exigente, comprometido com a cultura e com a arte".[46] Em sua primeira edição, trouxe na capa o modelo Fernando Fernandes, ex-participante do programa *Big Brother Brasil*, além de matérias sobre comportamento, teatro, cinema e turismo. Entretanto, não sobreviveu às inconstâncias do mercado editorial e deixou de circular no final de 2009.

Outro filão que surgiu paralelamente ao boom das revistas de homoerotismo light foi o das publicações em formato *pocket*,

---

46  *Aimé*, n. 1, 2008.

minirrevistas distribuídas gratuitamente em bares, saunas e boates gays. Além da *Odyssey* (a primeira a aparecer na noite gay, em 2005) e da *Pocket Magazine A*, o site A Capa lançou uma publicação impressa, com tiragem semestral, que é distribuída em São Paulo, Rio de Janeiro, Belo Horizonte, Curitiba e Florianópolis. A opção pela distribuição, e não pela venda, apesar de arriscada, é uma tendência que vem sendo observada no exterior. Com tiragem pequena, as revistas dialogam com um público ainda mais segmentado e conseguem sobreviver por meio da publicidade.

A instável trajetória das publicações voltadas para o público gay mostra que, em termos financeiros, elas ainda sofrem com o preconceito de anunciantes. Os jornalistas que atuam ou atuaram na área são unânimes em dizer que o mercado gay se restringe, ainda, a sexo e diversão.

Laura Bacellar, que, em 1998, criou a primeira editora gay do país, parece concordar com a tese de que o mercado precisa se profissionalizar e abrir novos campos de atuação. Coautora do livro *O mercado GLS: como obter sucesso com o segmento de maior potencial da atualidade*, ela acredita que os empresários brasileiros não perceberam o potencial de consumo da comunidade homossexual:

> Existe um mercado GLS, em especial na área de turismo. Hotéis, pousadas e restaurantes percebem que o segmento é grande, tem poder aquisitivo e disponibilidade de renda para fazer viagens. Mas ainda é restrito a essa área. É uma questão de tempo até o resto do mercado acordar.[47]

---

[47] Laura Bacellar. Entrevista à autora. São Paulo, 15/1/2010.

Quando o assunto é mídia impressa, a questão é mais complicada, já que viabilizar uma revista é um alto investimento financeiro e pessoal, que, infelizmente, nem sempre traz o retorno esperado. Prova disso é o forte aumento, nos últimos anos, de sites gays. O mercado editorial de revistas está baseado no tripé assinantes, anunciantes e venda em bancas. Com a internet, grande parte dos problemas deixa de existir, uma vez que os custos para desenvolver e manter um site são bem menores do que os necessários para fazer uma revista. Talvez a transição para o meio virtual seja um acontecimento natural, resultado da própria reconfiguração dos meios de comunicação na atualidade. O problema que se coloca, no entanto, com as inúmeras aberturas que a internet permite, é como pensar as especificidades de uma mídia gay no espaço virtual, onde pornografia e informação se misturam tão facilmente.

# Internet e pornografia

Na primeira década do século XXI, a internet produziu uma grande revolução: conectou e mobilizou pessoas de diferentes culturas, línguas, religiões e classes sociais; democratizou o acesso e a produção de informação, e possibilitou que indivíduos de todos os lugares do mundo expressassem seus desejos, opiniões, modos de vida e orientação sexual. Segundo pesquisa realizada pelo instituto Ibope Nielsen Online, de outubro de 2009 a outubro de 2010, no Brasil, o número de usuários de internet residenciais cresceu 13,2%, atingindo 41,7 milhões de pessoas. Somado àquelas que acessam a rede no ambiente de trabalho, o número sobe para 51,8 milhões. A pesquisa revela ainda que o Brasil era o quinto país no mundo com conexões à rede.

A imprensa gay brasileira, frágil em termos de estrutura financeira, sentiu com mais força os abalos que a internet provocou no mercado editorial. Primeiro, as revistas abriram "filiais" na rede, iniciativa que logo fracassou, visto que criar uma revista on-line requer, mais do que uma simples mudança de suporte, uma reestruturação na maneira de produzir, veicular e distribuir a informação. Em média, os custos para desenvolver e manter um site são cerca de 70% menores que os investimentos feitos para colocar uma revista nas bancas. Além disso, sites e portais trabalham com equipes menores, o que reduz os gastos com salários.

Quando o assunto é mídia gay na internet, o Brasil é pioneiro em uma série de iniciativas, como a criação, em 1993, do Mix Brasil, o primeiro portal gay da América Latina. Atualmente, o Mix Brasil tem cerca de 900 mil visitantes por mês, mas, segundo André Fischer, chegou a ter 30 milhões de acessos em um mês. Isso aconteceu quando era o único site brasileiro que produzia conteúdo voltado para o público homossexual. O Grupo Mix Brasil possui uma equipe de dezoito profissionais, entre jornalistas, fotógrafos, designers e editores, responsáveis por todos os projetos, do site à edição da revista *Junior*.

Em 1994, Fischer, que já trabalhava com computação gráfica desde o início da década de 1990, criou uma comunidade virtual para divulgar o Festival Mix Brasil de Cinema da Diversidade Sexual. O sistema usado na época, Bulletin Board System (BBS), possibilitava conectar, por telefone, uma pequena rede de computadores. Essa primeira iniciativa usando redes sociais na internet fez bastante sucesso. "A comunidade cresceu tanto que, em 1995, abandonei minha história na computação gráfica e comecei a me dedicar exclusivamente ao Mix Brasil. Até então, era o BBS que funcionava. Em 1997, nós montamos o site", conta.

As possibilidades de ocupação do ciberespaço são infinitas, o que impõe, obviamente, limites éticos para quem produz e divulga informação na rede. Em relação à questão dos direitos

Manifestantes na 2ª Parada do Orgulho GLT, em junho de 1998, em São Paulo

gays, observa-se intensa apropriação por ONGs, grupos e movimentos LGBTs. O site do Grupo Gay da Bahia, por exemplo, publica boletins periódicos sobre crimes violentos contra homossexuais. Esses dados são, atualmente, uma das fontes mais confiáveis sobre violência e violação dos direitos humanos de gays, lésbicas, bissexuais, travestis e transexuais no país. Em 2009, diante da possível aprovação do Projeto de Lei nº 122, que propõe a criminalização da homofobia, diversos grupos de defesa dos direitos dos homossexuais criaram sites para recolher assinaturas on-line a favor da iniciativa. Entretanto, se, de um lado, existe a atuação de grupos e movimentos sociais na internet, de outro, a maior fatia do ciberespaço é, sem dúvida, ocupada pela pornografia, o que fica explícito na fala de Fischer: "Nosso portal tem compromisso com a militância e abre espaço para notícias relativas aos direitos gays, mas a maioria dos internautas, de fato, acessa o site em busca de conteúdo erótico".

A indústria do sexo é um negócio altamente lucrativo e em constante expansão. Segundo a revista norte-americana *Forbes*, o mercado pornográfico movimenta, anualmente, US$ 60 bilhões, cerca de US$ 13 bilhões apenas nos Estados Unidos. No Brasil, principal produtor de filmes e material pornográfico da América Latina, o faturamento da indústria é de US$ 150 milhões por ano, segundo a Associação Brasileira de Empresas do Mercado Erótico.

A internet ajudou a indústria da pornografia a crescer. De acordo com a resenha "Internet Pornography Statistics", de Jerry Ropelato, publicada no site norte-americano TopTen Reviews,[48] existem mais de 4 milhões de sites pornográficos no mundo e 72 milhões de pessoas acessam imagens de sexo mensalmente. Além de os custos serem mais baixos para a produção, outra vantagem da internet em relação às revistas é a privacidade. As imagens podem ser acessadas a qualquer momento em computadores pessoais ou celulares, sem constrangimento. Paradoxalmente, essa espécie de "armário" que muitos acreditam ser a

---

48 Ropelato, Jerry. "Internet Pornography Statistics". Disponível em: http://internet-filter-review.toptenreviews.com/internet-pornography-statistics.html. Acesso em: 22/8/2011.

internet possibilitou que pessoas que se sentiam sozinhas descobrissem seus pares. Fóruns de discussão, salas de bate-papo, blogs, sites e redes sociais de relacionamento permitiram maior socialização entre gays.

Uma primeira leitura da situação levaria a crer que os sites voltados para o público gay, ao priorizar a pornografia e o conteúdo erótico, criaram um distanciamento em relação às lutas e aos movimentos homossexuais. No entanto, observa-se uma ação paralela de mobilização, de discussão e de debate em torno de polêmicas e assuntos de interesse dos homossexuais. Para a professora Beatriz Bretas, da Faculdade de Comunicação Social da Universidade Federal de Minas Gerais (UFMG), a internet amplia a possibilidade de representações, democratizando a produção de conteúdo informativo na rede. Os discursos que, tradicionalmente, eram feitos por grandes veículos de comunicação ou, como visto no caso da imprensa gay mais recente, por grupos menores que, mesmo com pouca estrutura, não deixam de estar no mercado podem, agora, ser produzidos por qualquer pessoa, independentemente de formação jornalística, recursos financeiros e editora. Escreve Bretas:

> Inegavelmente, novas formas de influência e mobilização foram introduzidas pela telemática, envolvendo dinâmicas de construção, indução e ampliação de redes sociais. A internet tem abrigado incontáveis movimentos sociais que a utilizam na perspectiva de ganhos de vinculação de seus membros, permitindo maior visibilidade e adesão a seus propósitos. Redes de usuários estabelecem sua força compartilhando suas informações e experiências com

aliados, de forma a dar aos seus argumentos maior potência e circulação mais ampla.[49]

Há sites que oferecem apoio às pessoas que ainda não se assumiram para a família e para os amigos, como o Armário x. Alguns portais brasileiros para homens, como A Capa, ParouTudo e Athos GLS, além do pioneiro Mix Brasil, têm se tornado referência para os gays tanto em termos de conteúdo erótico como de informações e serviços. São sites que se preocupam em estimular uma identidade homossexual baseada não apenas no consumo, mas também na questão dos direitos. Todos os portais citados apresentam links relacionados a união civil estável, homofobia, adoção, saúde, militância e comportamento.

O número de sites para mulheres gays é menor. Atualmente, Dykerama.com e Parada Lésbica são os mais acessados, publicando informações atualizadas sobre comportamento, cultura e política. Nina Lopes, criadora da extinta revista *Sobre Elas* e uma das editoras do Dykerama.com, pensa que a internet é uma mídia fundamental para a articulação e para a existência de informações dirigidas às lésbicas. "Acredito que, se não fosse a internet, talvez não tivéssemos imprensa gay para mulheres, hoje em dia", comenta. Além dos sites, existem milhares de blogs nos quais as pessoas podem se expressar e trocar informações, constituindo importante espaço de discussão, experiência e, principalmente, afirmação da identidade sexual.

---

49 Bretas, Beatriz. "Ativismos na rede: possibilidades para a crítica de mídia na internet", pp. 134-5.

# Mídia e homofobia

Recentemente, vários episódios envolvendo os direitos homossexuais e a homofobia ocuparam a mídia brasileira. Em maio de 2011, o Supremo Tribunal Federal (STF) reconheceu, por unanimidade, a união civil entre pessoas do mesmo sexo. A partir da decisão, as regras aplicadas aos casamentos heterossexuais passam a valer para os casais gays. No mesmo ano, as imagens de um jovem sendo atacado por um grupo de adolescentes, na avenida Paulista, e as declarações preconceituosas do deputado federal Jair Bolsonaro chocaram o país e mobilizaram parte da sociedade civil em torno da discussão de leis que criminalizam a homofobia.

Embora o PL 122, projeto de lei que torna crime a prática da homofobia no Brasil, não tenha sido ainda aprovado, observamos a intensificação de movimentos anti-homofobia no país. Da Parada Gay de São Paulo, que em 2011 realizou a campanha "Amai-vos uns aos outros: basta de homofobia", à novela *Insensato coração*, escrita por Gilberto Braga, que abordou o problema de forma séria e direta, mostrando como a homofobia é praticada, o assunto vem sendo discutido com mais frequência pela sociedade brasileira.

Em vista desses acontecimentos, como a mídia brasileira vem abordando as questões relacionadas aos direitos dos gays e, consequentemente, à homofobia? Quais são os efeitos que a abordagem adotada exerce na vida de leitores e telespectadores? Ao fazer um recorte do mundo e apresentá-lo aos leitores como fragmentos da realidade, a mídia estabelece modos de ver e interpretar fatos, pessoas e acontecimentos. Além disso, é uma poderosa máquina de construir e desconstruir imaginários e estereótipos. Essa seleção e captura do real não é aleatória, muito menos inocente. Está alinhada, dentro de cada meio de comunicação, com aquilo que chamam de "política editorial". É esta que define a identidade de um veículo, a maneira como cada um "fala" com seu público e expressa suas visões de mundo.

Um veículo de comunicação é autônomo para definir e construir a própria política editorial. O que se questiona, no entanto, é como esses princípios e crenças são apresentados ao público. O fato de a mídia tradicional – entendida aqui como o conjunto dos veículos que não são segmentados de acordo com uma categoria identitária (etnia, gênero, faixa etária e orientação sexual) – dialogar com um público infinitamente maior e mais heterogêneo do que a mídia gay, dificulta, às vezes, uma definição precisa desse posicionamento. Para o professor e pesquisador Bruno Leal, da Faculdade de Comunicação Social da UFMG e coordenador da pesquisa "Mídia e homofobia: linguagem, agendamento e construção de realidade"[50],

---

50 Pesquisa desenvolvida pelo Programa de Pós-Graduação em Comunicação Social da UFMG e pelo Núcleo de Direitos Humanos e Cidadania LGBT/UFMG, com apoio do Ministério da Saúde, do CNPq e da Fapemig.

os jornais e revistas tendem a refletir a visão de mundo da maioria, transformando os "leitores" em uma categoria abstrata. Ao homogeneizarem-nos, esquecem que "a maioria" é composta por diversos subgrupos – em sua essência, múltiplos e heterogêneos.[51]

Desde o século XIX, histórias escandalosas e crimes envolvendo homossexuais enchem as páginas dos jornais brasileiros e, mais recentemente, os programas de televisão. A abordagem, quase sempre, é preconceituosa, homofóbica e sensacionalista. O humor, principalmente televisivo, também possui longo histórico de utilização da imagem do homossexual para reforçar estereótipos e estimular o machismo e a discriminação contra gays, lésbicas e travestis.

Um conjunto de elementos – desde a constituição da identidade sexual do brasileiro (extremamente machista) até a ausência de uma legislação específica sobre a questão – transformou o país em recordista mundial de crimes homofóbicos. Segundo o antropólogo Luiz Mott, no livro *Violação dos direitos humanos e assassinatos de homossexuais no Brasil*, na década de 1980, um homossexual era assassinado a cada quatro dias no país; em 1999, a estatística subiu: um por dia. O Grupo Gay da Bahia, que desde 1981 realiza o acompanhamento dos crimes cometidos contra homossexuais masculinos e femininos, travestis e transexuais, constatou que, em 2010, 260 homossexuais foram assassinados no país. Outra pesquisa, realizada na 9ª Parada do

---

51 Bruno Leal. Entrevista à autora. Belo Horizonte, 14/12/2009.

Orgulho GLBT, em São Paulo, em 2005,[52] mostrou que 72,1% dos entrevistados já haviam sofrido discriminação por causa de sua identidade de gênero ou orientação sexual.

Segundo Leal, a homofobia é um componente intrínseco à sociedade brasileira:

> Nós entendemos a homofobia como aversão aos homossexuais, mas essa aversão tem a ver com os modos de constituição das relações de gênero na nossa sociedade. Então, a homofobia deixa de ser algo exclusivo aos homossexuais e passa a ser o que podemos chamar de parte de uma "polícia de gênero". Ela circunscreve o limite entre uma identidade de gênero aceitável e uma não aceitável. Ela é "polícia de gênero" à medida que estabelece o que é correto e o que é incorreto para determinado gênero.

Os comportamentos homofóbicos podem ser tanto simbólicos (piadas, ironias e fofocas) como reais (violência física e assassinatos). Ambos são extremamente traumáticos e humilhantes para quem vivencia essa forma de discriminação. Para Leal, a relação dos veículos de comunicação com a homofobia é complexa e permeada por vários fatores. De um lado, algumas religiões afirmam que os comportamentos sexuais que escapam ao "natural" (relações heterossexuais) devem ser considerados

---

52 Carrara, Sérgio; Facchini, Regina; Ramos, Silvia; Simões, Julio Assis. "Política, direitos, violência e homossexualidade" (Pesquisa 9ª Parada do Orgulho GLBT/ São Paulo, 2005). Disponível em: http://www.clam.org.br/publique/media/paradasp_2005.pdf. Acesso em: 19/9/2011.

errados ou anormais; de outro, os direitos humanos preconizam e defendem a aceitação e o respeito à diversidade e à livre orientação sexual dos indivíduos.

De acordo com o monitoramento feito pela pesquisa coordenada por Leal, existem diferentes abordagens dentro de um mesmo veículo. As editorias de política concentram o maior foco de tensão, enquanto os cadernos de cultura e sobre vida cotidiana abrem mais espaço para a temática. Portanto, os diversos atores que constituem um jornal possuem graus de liberdade distintos para falar sobre o assunto. O colunista tem mais autonomia que o repórter. "É possível encontrar, numa mesma edição, falas extremamente homofóbicas e machistas e falas muito corretas. O jornal não é um elemento de coerência", explica Leal.

Ao longo das últimas décadas, por não se sentirem representados na mídia tradicional, gays e lésbicas tentaram ocupar, com inúmeras iniciativas e projetos, um espaço de comunicação e visibilidade. Mesmo falando para um público pequeno e segmentado, a imprensa gay conseguiu apresentar suas demandas, projetos e opiniões, constituindo-se em importante espaço de discussão pública. Para a professora Rousiley Maia, da Faculdade de Comunicação Social da UFMG, o ambiente midiático é propício para que embates ideológicos se desenvolvam, tornando-se visíveis para maior número de pessoas:

> Aquilo que se torna visível através da mídia produz segmentações, constrói solidariedades, dissemina projetos ou visões de

mundo, catalisa debates, faz deslanchar processos de prestação de contas, ou estimula a mobilização cívica. As instituições da mídia conectam diferentes atores, instituições e mundos sociais.[53]

O mais importante é compreender que os diversos atores e grupos sociais que atuam na mídia gay, mesmo com as assimetrias que a separam da mídia tradicional, perceberam, principalmente com o advento da internet, que o acesso ao universo da comunicação é um direito de todos os cidadãos. A informação e a expressão não são monopólio de jornalistas e veículos. Criar e ocupar espaços de visibilidade, discussão política e afirmação de identidades foram estratégias utilizadas pelos precursores e protagonistas da imprensa gay no país.

Nos últimos cinquenta anos, jornalistas e não jornalistas, escritores, intelectuais e pessoas interessadas em se expressar construíram, de maneira precária e com os recursos que tinham, um pouco dessa história. Uma história feita de inúmeros avanços no campo da criação de uma identidade de gênero mais múltipla e consciente. Uma história que continua a ser escrita, diariamente, por indivíduos que acreditam em uma sociedade menos preconceituosa e mais igualitária.

---

53  Maia, Rousiley. "Mídia e vida pública: modos de abordagem". In: *Mídia, esfera pública e identidades coletivas*, pp. 26-7.

# Depoimentos

AGUINALDO SILVA

# "Minha preocupação foi fazer de *Lampião da Esquina* um jornal, não um panfleto"

Aguinaldo Silva nasceu em Carpina, interior de Pernambuco, em 1944. Aos 16 anos, lançou seu primeiro romance, *Redenção para Job*. Aos 18, iniciou a carreira de jornalista, trabalhando como repórter para o jornal *Última Hora*, de Recife. Em 1964, mudou-se para o Rio de Janeiro. Na década de 1970, atuou na imprensa alternativa, escrevendo para as publicações *Opinião* e *Movimento*. Também trabalhou no *Jornal do Brasil* e em *O Globo*. Em 1978, participou da criação do *Lampião da Esquina*, do qual foi editor. No ano seguinte, foi contratado como teledramaturgo pela TV Globo, onde até hoje escreve seriados, minisséries e novelas, entre elas *Tieta* (1989), *Pedra sobre pedra* (1992) e *Senhora do destino* (2004). Já publicou mais de dez livros de ficção, como *Cristo partido ao meio* (1965) e *República dos assassinos* (1979).

*Como foi sua participação no* Lampião da Esquina?

**AGUINALDO SILVA** – A história é que onze pessoas, todas homossexuais, resolveram fazer um jornal gay, ativista. Na hora de saber quem iria editá-lo, me escolheram. O jornal era editado por mim no Rio de Janeiro. Na verdade, entrei não por ser um ativista, mas por ser jornalista. Essa foi a diferença básica. Eu sempre achei que o *Lampião* tinha que ser um jornal porta-voz do ativismo, mas ele tinha que ser também um bom jornal alternativo, que qualquer pessoa pudesse ler com prazer. Essa era minha preocupação: não fazer um panfleto, mas um jornal.

*— No cotidiano, quais eram os principais problemas que vocês enfrentavam?*

**AGUINALDO** – O jornal era muito carente do ponto de vista financeiro. Ele mal faturava para cobrir as despesas. E nós tentávamos conseguir anúncios, por exemplo, de filmes brasileiros que eram lançados. Lembro que uma vez foi uma vitória: conseguimos um anúncio de página inteira de *Apocalypse Now*, o filme de Francis Ford Coppola. O grande problema do jornal eram as finanças. Como fazer o próximo número? Com que dinheiro? No começo, também tivemos uma batalha muito grande para conseguir fazer a distribuição, porque era um jornal gay, numa época difícil, a da ditadura militar. Quase fomos processados duas vezes pela Lei de Imprensa. Quando saiu o primeiro número, tivemos que ir para o galpão tentar convencer os jornaleiros a exibir o jornal. Era uma coisa chocante para eles. Eles chamavam o *Lampião* de "jornal de viados". Os primeiros dois números foram para as bancas, mas ficaram escondidos. Nós insistimos. Íamos ao galpão e pagávamos uma cachaça para os caras na esquina. E aí eles começaram a achar o jornal interessante. E começaram a exibi-lo. Mas o principal problema do *Lampião* foi essa coisa quase esquizofrênica de não saber ao certo se deveria ser um jornal ou um panfleto.

— *Existia uma cisão ideológica dentro do conselho editorial?*

AGUINALDO — Exatamente. Havia um grupo, mais paulista, que achava que o jornal deveria ser panfletário e não se preocupar em ter uma linguagem jornalística. Queriam que ele fosse puramente dedicado ao ativismo. E isso era um problema, porque um jornal só ativista acaba limitado. Nas reuniões de pauta, sempre havia discussões em torno dessa questão. E eram muito cansativas.

Foi por isso, na verdade, que depois de trinta números, um belo dia, cansado de tudo aquilo, eu disse: "Não edito mais". O jornal acabou porque ninguém quis editar. Eu tinha a experiência anterior no *Opinião*. Por causa dos meus artigos e dos de meia dúzia de colaboradores, ele se tornou um jornal muito comentado e muito lido. É algo que ele não teria conseguido se fosse apenas um jornal panfletário, um jornal político. Eu achava que o *Lampião* tinha que seguir o mesmo caminho. Ele só funcionaria se fosse além do público gay, se saísse do gueto.

— *Você acha que ele conseguiu sair do gueto e falar a um público mais amplo?*

AGUINALDO — Acho que sim, porque hoje ele é visto como um jornal alternativo. E a imprensa alternativa no Brasil cresceu muito. Foi uma vitória. E não foi apenas uma vitória pessoal, porque havia mais quatro ou cinco pessoas do conselho editorial que tinham a mesma opinião que eu. Sem dúvida, foi uma vitória conseguir transformar aquele pequeno jornal gay, que queria se limitar a um público restrito, em uma publicação que hoje em dia é tida como uma das mais importantes da imprensa alternativa do Brasil na época da ditadura.

– *E depois que o jornal acabou? Você editou outra revista?*

AGUINALDO – O jornal acabou porque eu parei de editar. Com um pouco de teimosia, quis mostrar às pessoas que tinham me levado a tomar a decisão de sair que eu poderia continuar editando uma publicação conforme as minhas ideias. Não o *Lampião*, mas outra. Então, cheguei a publicar três números de uma revista chamada *Playgay*. Mas era algo que dava muito trabalho e nenhuma satisfação. Além disso, eu já estava na televisão, fazendo outras coisas. Desisti. Eu realmente não era um ativista, mas um jornalista, um escritor.

– *Você era criticado por causa desse posicionamento?*

AGUINALDO – Sim. Acho que até hoje algumas pessoas do conselho editorial de São Paulo me consideram uma espécie de traidor da "classe". Mas vejo isso com muita descontração, porque, realmente, acho que o ativismo é sempre muito restritivo. E, além disso, você não pode classificar as pessoas pela preferência sexual. Não existe nada mais diferente de um homossexual do que outro homossexual. Cada ser humano é único, e é conversa fiada essa história de que são todos iguais por serem homossexuais.

– *O que você pensa do movimento* LGBT?

**AGUINALDO** – Acho que toda forma de manifestação é positiva e deve ser vista com bons olhos. Não existe um movimento nacional. Existem várias facções e cada uma tem uma posição muito particular em relação ao assunto. Mas acho que essas pessoas acabam somando, todas elas.

– *Em artigo para a revista* Sui Generis [54], *você escreveu que no Brasil existe certo policiamento ideológico no fato de se cobrar que as pessoas assumam a homossexualidade. No texto, você defendia o direito à privacidade. Continua pensando assim?*

**AGUINALDO** – Continuo, claro. Penso que cada um tem direito não só à privacidade, mas à liberdade de manter uma vida pessoal. Acho isso muito importante e não acredito que as pessoas tenham, obrigatoriamente, que manifestar publicamente que são isso ou aquilo. Cada um é dono da sua própria vida, do seu próprio destino e do direito de manter-se em silêncio sobre o que quiser.

– *Embora você não seja um ativista da causa gay, suas novelas e minisséries já apresentaram personagens homossexuais. Isso se*

---

[54] "O mito preservado", *Sui Generis*, n. 2, mar./1995.

deve a alguma motivação política ou trata-se apenas de um interesse dramatúrgico?

**AGUINALDO** – As duas coisas. É politicamente pensado, porque sou um cidadão com um posicionamento em relação ao mundo, que se reflete naquilo que escrevo. Tenho interesse pessoal no assunto, porque sou homossexual. Então, acho que, se tenho a liberdade de tocar nesse tema, eu devo falar, sim. Levo em conta também, quando falo de homossexualidade na televisão, que o público vai de A a Z. Nós sabemos, porque as estatísticas dizem que pelo menos 10% da população é homossexual, e a televisão atinge esse público. Ele também quer se ver retratado na TV. Sempre levo isso em conta. Ou seja, não posso dizer que faço isso por ativismo, mas, se a gente analisar bem as coisas, vai perceber que não deixa de ser uma forma de militância. O problema é que, quando você atinge 40 milhões de pessoas, que é o número estimado de espectadores das novelas, você pode falar de qualquer tema, mas tem que ter cuidado, porque é um público diversificado demais.

– *Você costuma passar temporadas longas em Portugal, onde o casamento gay é permitido. O que pensa da união civil de homossexuais?*

**AGUINALDO** – Em Portugal, os homossexuais são notoriamente discretíssimos. É como se não existissem. Ao contrário do Brasil, onde eles são bastante explícitos, ainda bem. Mas em Portugal, não. A lei aprovada permite aos homossexuais se unirem do ponto de vista civil, mas também dá status de cidadão para essas pessoas. Porque, se você pode casar, você passa a ser um cidadão de primeira classe. Mas, estranhamente, os homossexuais portugueses não perceberam isso. Eles continuam a viver na sombra, a se esconder, a evitar qualquer tipo de abordagem do assunto.

— *Por que isso ocorre?*

**AGUINALDO** Acho que tem a ver com o fato de que os homossexuais foram muito perseguidos durante a ditadura salazarista. Os fascistas diziam que simplesmente não havia homossexuais em Portugal. Todo mundo tinha que ser muito discreto. Era uma vida infernal que as pessoas levavam. E eu acho que eles não se livraram ainda disso.

— *Por que a homossexualidade é um tabu ainda tão forte?*

**AGUINALDO** — Acho que ela mexe com tabus muito mais antigos, como o da sobrevivência através da reprodução. Um homem que não está a serviço da reprodução é considerado uma pessoa amaldiçoada. Você vê nesses grupos religiosos ou nos grupos de raças que sofreram muita perseguição, como os judeus, por exemplo, como os homossexuais são mais malvistos. Isso ocorre porque eles não contribuem para a sobrevivência daqueles grupos. Para usar uma imagem bíblica: o homossexual joga a semente no lixo. Ou seja, ele não faz a semente brotar.

JOÃO SILVÉRIO TREVISAN
"Nossa intenção era nos inserir no bojo de lutas mais amplas"

João Silvério Trevisan nasceu em Ribeirão Bonito, interior de São Paulo, em 1944. Escritor, tradutor, jornalista, cineasta e dramaturgo, mudou-se na década de 1970 para a Califórnia, Estados Unidos, onde iniciou sua militância no movimento gay e participou de diversos movimentos ligados à contracultura. Escreveu mais de uma dezena de livros, de ficção e não ficção, como *Testamento de Jônatas deixado a David* (1976), *Vagas notícias de Melinha Marchiotti* (1984), *Devassos no paraíso* (1986), *Ana em Veneza* (1994), *Seis balas num buraco só: a crise do masculino* (1998). Em 1978, foi um dos fundadores do jornal *Lampião da Esquina*, atuando ativamente como editor e repórter. Paralelamente, participou da fundação do Somos, primeiro grupo de defesa dos direitos gays no Brasil. Colaborou com várias revistas e jornais de temática gay. Durante mais de dez anos, assinou uma coluna na *G Magazine*.

– *Como foi viver nos Estados Unidos na década de 1970?*

**JOÃO SILVÉRIO TREVISAN** – Morei em Berkeley, na Califórnia, entre 1973 e 1975. Era uma cidade socialista encravada nos Estados

Unidos e concentrava diversas lutas estudantis. O espírito liberacionista estava presente no ar. Acabei me envolvendo com vários movimentos que trabalhavam em função de uma crítica ao sistema americano: grupos de esquerda, feministas, ambientalistas… Era muito natural que eu me envolvesse com o movimento homossexual, considerando que eu tinha ido para lá inclusive com o propósito de resolver de uma vez por todas minha homossexualidade. O convívio com os homossexuais era um aprendizado constante, assim como o convívio com as feministas. Na verdade, aprendi muito mais com elas. Eu tinha várias amigas feministas, que faziam críticas severas ao meu machismo. Além disso, nos Estados Unidos, tive contato pela primeira vez com a imprensa gay, através dos jornais *Gay Sunshine* e *Advocate* (que mais tarde se tornou uma revista).

— *O Gay Sunshine foi uma das primeiras e mais importantes publicações gays no mundo. Inspirou a criação de inúmeros jornais, como o próprio* Lampião da Esquina. *Você pode contar essa história?*

**JOÃO SILVÉRIO** — Eu voltei para o Brasil em 1976. No ano seguinte, Winston Leyland, diretor e dono do *Gay Sunshine*, veio ao país. Para mim foi um prazer imenso encontrar aquele cara, cujo jornal eu lia avidamente e admirava. Era um jornal rico, muito provocador, suscitava embates e discussões sobre temas novos e polêmicos. Quando ele estava no Brasil, no final de 1977, aconteceu uma reunião na casa do Darcy Penteado, em São Paulo. Ele estava conhecendo escritores brasileiros para publicar uma antologia de literatura homoerótica latino-americana. Várias pessoas participaram desse encontro: eu, o Aguinaldo Silva, o Peter Fry, além do Darcy. Inspirados pela presença dele, tivemos a ideia de criar um jornal de homossexuais para homossexuais, uma publicação que tivesse uma posição política bem marcada, a partir do ponto de vista dos direitos homossexuais.

— *Como o jornal funcionava no cotidiano?*

JOÃO SILVÉRIO — O jornal tinha um conselho formado por onze pessoas, que eram também cotistas, várias de São Paulo e várias do Rio de Janeiro, onde ficava a redação. Em abril de 1978, saiu o número zero do *Lampião*. A ideia era produzir um jornal que tivesse, sobretudo, uma discussão política intrincada e séria sobre questões de direitos homossexuais. Nossa intenção era nos inserir no bojo de lutas mais amplas e menos contempladas pelo movimento operário. Os movimentos de esquerda priorizavam, naturalmente, a luta de classes e consideravam que as outras lutas eram menores. Nós achávamos isso muito discutível, não acreditávamos nessa ideia. Achávamos desde o começo que as lutas tinham que ir todas juntas, que não deveria haver um escalonamento para lutas. Não há que se conquistar o poder primeiro para depois decretar que machão não vai mais ser machão, que racismo não vai mais existir e que a homofobia será combatida. Pensávamos que todas essas lutas, inclusive a ambiental, tinham que ir juntas. Então abrimos a página do *Lampião* para a ecologia, para o feminismo (inclusive com a colaboração de feministas), falávamos sobre racismo, com negros integrados na luta antirracista que começaram a escrever para o *Lampião*. O jornal existiu de 1978 a 1981 e teve 36 edições.

— *Como o jornal era mantido?*

**JOÃO SILVÉRIO** — Existiam as vendas por assinatura e as vendas nas bancas. Nós conseguimos, a duras penas, montar um esquema de distribuição de norte a sul. Foi espantoso, porque muitos distribuidores não queriam distribuir o jornal, muitas bancas não queriam vender, era muito comum isso acontecer. Então, a gente tinha que ir às bancas e conversar. As vendas eram razoáveis. Imagine, naquela época, final da década de 1970, o que significava para um homossexual de uma cidade média ir até a banca e pedir um jornal de "viado". Normalmente o *Lampião* ficava escondido na própria banca. Então o ato mesmo de comprar o jornal era uma espécie de saída do armário, uma forma de assumir. Outra alternativa era sobreviver através de vendas por correio de livros de temática homossexual. Era uma forma de espalhar a discussão da questão homossexual. Eu me lembro que na avenida São João, em São Paulo, tinha uma grande livraria de ponta de estoque. Eu ia lá, comprava o pacote todo por um preço bastante razoável e depois o *Lampião* revendia, buscando algum lucro. A equipe do Rio também fazia a mesma coisa. Nós fazíamos o que era possível. E o jornal se debatia o tempo todo com problemas financeiros gravíssimos.

— *Quais foram os motivos que levaram ao fechamento do* Lampião da Esquina?

**JOÃO SILVÉRIO** – Por um lado, questões financeiras, mas, por outro, certo esgotamento ideológico. Não de ideias, mas ideológico. Quer dizer, nós começamos a ter a concorrência da grande imprensa, e o jornal estava ficando medíocre, com capas muito chamativas. O número mais político foi o que menos vendeu e isso me aborreceu extremamente. Eu fui para o Rio em determinada ocasião, disposto a impedir que o jornal continuasse, porque os problemas estavam demasiados e o custo-benefício não estava a gosto. Então, propus que o jornal terminasse, sob o pretexto de que, de fato, o *Lampião* já tinha cumprido a sua função naqueles três anos.

— *Essa guinada mais sensacionalista aconteceu por quê?*

**JOÃO SILVÉRIO** – Devido à necessidade de ter mais leitores. Era óbvio que os leitores estavam mais interessados em homem pelado. Tanto que, nos últimos números, já começaram a aparecer homens nus, embora não fosse como é hoje na *G Magazine*, pois não havia sexo explícito. As edições com matérias sensacionalistas eram as que mais vendiam. Então as capas tendiam a ficar mais sensacionalistas. E era uma corda bamba miserável, porque nós não éramos, como o Aguinaldo Silva dizia, um mero boletim de um grupo de liberação. Éramos um jornal. Mas éramos também um jornal político que pretendia lutar pelos direitos homossexuais, que reivindicava leis voltadas para a comunidade homossexual. O *Lampião da Esquina* tinha uma função muito clara, muito explícita e muito consciente. Desde o começo nós colocamos os nossos nomes, justamente para lutar pela visibilidade, que era um dos nossos pontos. A invisibilidade já era um dos grandes dramas da comunidade homossexual.

*– Em 1981, o* Lampião *acabou. Pouco tempo depois, surgiu a Aids. O que a doença significou para todo o movimento que estava sendo construído?*

JOÃO SILVÉRIO – A década de 1980 foi um terror. A Aids desmobilizou o movimento homossexual e tudo o que havia sido conquistado de visibilidade. Mas ela acabou tendo um efeito colateral importante. Por causa da Aids, o movimento homossexual se rearticulou. Ela foi o veneno, mas também ofereceu o antídoto. Nunca se falou tanto em homossexualidade e tão explicitamente. Fui embora para a Alemanha, fiquei quase um ano lá. Minhas brigas com as esquerdas se acirraram nesse período e foram motivo de muita dor para mim. O racha no Somos foi uma coisa que me magoou profundamente, porque todo aquele sonho em torno da luta pelos direitos homossexuais foi desfeito por um motivo que nada tinha a ver com esses direitos, mas com uma disputa política. Ocorreu por puro interesse partidário, pois foi quando o PT [Partido dos Trabalhadores] tomou conta do Somos, através da Convergência Socialista. A Convergência se integrou ao PT e levou junto o grupo Somos, que se diluiu no partido e sumiu. A proposta inicial do Somos era politicamente muito ambiciosa, era libertária, era lutar contra aqueles que se apossavam da nossa voz, inclusive partidos de esquerda supostamente aliados com a nossa causa.

— *Você foi colunista da G Magazine, a primeira revista gay brasileira que mostrou nu masculino explícito. O que você acha dessa proposta editorial?*

JOÃO SILVÉRIO — Embora os homens pelados da *G Magazine* sejam todos de plástico e me entediem profundamente, tem uma grande parcela da comunidade homossexual que fica histérica por causa deles, porque são bonitinhos, raspadinhos, fortinhos, ou seja, são todos iguais. Mas, enfim, acho muito importante que isso exista, que haja esses homens pelados. É uma coisa de grande atrevimento. O desejo homossexual fica explícito, visível. E acho importante publicar paus duros. Desejo homossexual é uma coisa carnal, não é uma coisa de escritório. A homossexualidade é importante porque diz respeito à liberdade do desejo de cada um, à liberdade do amor de cada um, e o amor se realiza entre corpos, que são o seu principal veículo.

— *Em maio de 2011, o Superior Tribunal Federal (STF) reconheceu por unanimidade a união civil estável entre homossexuais. Quais as consequências dessa decisão?*

JOÃO SILVÉRIO — Há muito tempo eu não tinha tanto motivo para sentir orgulho deste país como ao acompanhar as votações dos ministros do STF sobre a união estável homoafetiva. Eles corrigiram a omissão do Congresso e, de quebra, supriram a falta dos nossos intelectuais, ocupados demais com seu ego superior, sem tempo para tratar de temas "menores". As reflexões dos ministros do Supremo foram de altíssima qualidade, objetividade e competência, no sentido de configurar uma sociedade brasileira democrática de fato. A questão da homofobia deverá ter novo rumo, tanto na sua defesa quanto no seu recrudescimento. Se o STF nos forneceu subsídios legais contra a homofobia, suas determinações certamente tornarão os homofóbicos um pouco mais nervosos. Quanto ao casamento gay, acho secundário, francamente. O fundamental foi o reconhecimento da legitimidade do amor homossexual, tema que perpassa toda minha luta por direitos.

# Cronologia

**1963** É criado, no Rio de Janeiro, o fanzine *O Snob*, por Agildo Guimarães. A publicação, que será editada até 1969, transforma-se em revista de pequeno formato (papel A4 dobrado e grampeado), dedicada a assuntos de cultura e comportamento gay. Em Salvador, surge *Fatos e Fofocas*, fanzine de cultura e comportamento gay editado por Waldeilton di Paula.

**1967** É lançada em Niterói (RJ) *Os Felinos*, revista de pequeno formato idealizada por Hélio Gato Preto.

**1968** No Rio de Janeiro, aparece a minirrevista *Le Femme*, editada por Anuar Farah.

**1970** Em Salvador, o fanzine *Little Darling* é criado por Waldeilton di Paula.

**1976** O jornalista Celso Curi publica a "Coluna do meio", que duraria até 1979, sobre o universo gay, no jornal *Última Hora*, em São Paulo. Anuar Farah e Agildo Guimarães lançam, no Rio, o jornal *Gente Gay*.

**1977** O poeta Glauco Mattoso publica no Rio de Janeiro o *Jornal Dobrabil*, fanzine de poesia visual e satírica, com espaço para humor gay.

**1978** É lançado *Lampião da Esquina*, jornal de comportamento e cultura gay, com enfoque em questões políticas e de direitos das minorias, com redações no Rio e em São Paulo. Participam da criação e da edição: Aguinaldo Silva, Jean-Claude Bernardet, João Silvério Trevisan, Peter Fry, Darcy Penteado, Adão Costa, Antônio Chrysóstomo, Clóvis Marques, Francisco Bittencourt, Gasparino Damata e João Antônio Mascarenhas. Será publicado até 1981.

**1981** Em São Paulo, é criado o fanzine lésbico *Chana com Chana*, editado por Míriam Martinho, Rosely Toth e Eliane Galti. Circulará até 1987.

**1988** É publicado pela ONG Rede de Informação Um Outro Olhar, em São Paulo, *Um Outro Olhar*, fanzine dedicado às lésbicas, editado por Míriam Martinho. Será transformado em revista em 1995 e extinto em 2002.

**1991** É publicado, no Rio, o jornal *Nós por Exemplo*, do grupo Noss, que tem como foco as questões suscitadas pela Aids.

**1993** Em Santos (SP), Tânia Thomé e Mônica Camargo criam a revista lésbica *Femme*. Em São Paulo, André Fischer lança o portal Mix Brasil, com conteúdo informativo e homoerótico (contos, vídeos e imagens).

**1995** Surge, no Rio, a revista *Sui Generis*, criada por Nelson Feitosa, que durará até 2000.

**1997** A revista *G Magazine*, editada por Ana Fadigas, chega às bancas das principais capitais do país.

**2007** São lançadas as revistas *Junior*, editada por André Fischer, do Grupo Mix Brasil, e DOM, da editora Peixes.

# Bibliografia

ANDRADE, Paulo. *Torquato Neto : uma poética dos estilhaços*. São Paulo: Annablume, 2002.

BARROS, Patrícia Marcondes de. *A imprensa underground nos anos de chumbo*. Texto publicado no site Memória Viva. Disponível em: http://www.memoriaviva.com.br/siteantigo/flordomal.htm. Acesso em: 18/9/2011.

BEAUVOIR, Simone. *O segundo sexo*. Rio de Janeiro: Nova Fronteira, 2009.

BRETAS, Beatriz. "Ativismos na rede: possibilidades para a crítica de mídia na internet. In: BRETAS, Beatriz (org.). *Narrativas telemáticas*. Belo Horizonte: Autêntica, 2006.

BUTLER, Judith. *Problemas de gênero: feminismo e subversão da identidade*. Rio de Janeiro: Civilização Brasileira, 2005.

CARVALHO, Carlos Aberto; LEAL, Bruno Souza. *Sobre jornalismo e homofobia ou: pensa que é fácil falar?* Texto publicado no site E-compós. Disponível em: www.compos.org.br/seer/index.php/e-compos/article/viewFile/214/353. Acesso em: 18/2/2010.

COELHO, Nelly Novaes. *A emancipação da mulher e a imprensa feminina (séc. XIX – séc. XX)*. Texto publicado em *Kplus*, n. 28, 1º/12/2001. Disponível em: http://kplus.cosmo.com.br/materia.asp?co=119&rv=Literatura. Acesso em: 18/9/2011.

DIAS, Lucy. *Anos 70: enquanto corria a barca*. São Paulo: Editora Senac, 2001.

DUARTE, Constância Lima. "História da literatura feminina: nos bastidores da construção de gênero". In: DUARTE, Eduardo Assis; SCARPELLI, Marli Fantini (orgs.). *Poéticas da diversidade*. Belo Horizonte: Editora UFMG, 2002.

FACCHINI, Regina; SIMÕES, Júlio. *Na trilha do arco-íris: do movimento homossexual ao* LGBT. São Paulo: Fundação Perseu Abramo, 2008.

FIGARI, Carlos. *Outras cariocas*. Belo Horizonte: Editora UFMG, 2007.

FOUCAULT, Michel. *História da sexualidade: a vontade de saber*. São Paulo: Graal, 2005, v. 1.

FRY, Peter; MACRAE, Edward. *O que é homossexualidade*. São Paulo: Brasiliense, 1983. (Coleção Primeiros Passos, n. 81.)

GOFFMANN, Ken. *Contracultura através dos tempos*. Rio de Janeiro: Ediouro, 2007.

GREEN, James. *Além do Carnaval: a homossexualidade masculina no Brasil do século XX*. São Paulo: Editora da Unesp, 2000.

GREEN, James; TRINDADE, Ronaldo (orgs.). *Homossexualismo em São Paulo e outros escritos*. São Paulo: Editora da Unesp, 2005.

HALL, Stuart. *A identidade cultural na pós-modernidade*. Rio de Janeiro: DP&A, 2004.

KUCINSKI, Bernardo. *Jornalistas e revolucionários: nos tempos da imprensa alternativa*. São Paulo: Scritta, 1991.

LIMA, Marcus Antônio Assis. *Breve histórico da imprensa homossexual no Brasil*. Texto publicado no site da Biblioteca On-line de Ciências da Comunicação. Disponível em: http://www.bocc.ubi.pt/pag/lima-marcus-assis-IMPRENSA-HOMOSSEXUAL-BRASIL.pdf. Acesso em: 24/11/2011.

MAIA, Rousiley. "Mídia e vida pública: modos de abordagem". In: MAIA, Rousiley; CASTRO, Maria Céres Pimenta Spínola (orgs.). *Mídia, esfera pública e identidades coletivas*. Belo Horizonte: Editora UFMG, 2006.

MARCUSE, Herbert. *Eros e civilização: uma interpretação filosófica do pensamento de Freud*. Rio de Janeiro: Zahar, 1969.

MATTOSO, Glauco. *Jornal Dobrabil*. São Paulo: Iluminuras, 2001.

MONTEIRO, Marko. *O homoerotismo nas revistas* Sui Generis *e* Homens.

Texto publicado no site Antropologia: gênero e masculinidade. Disponível em: http://www.artnet.com.br/~marko/ohomoero.htm. Acesso em: 18/2/2010.

MOTT, Luiz. *Violação dos direitos humanos e assassinatos de homossexuais no Brasil*. Salvador: Grupo Gay da Bahia, 2000.

RAGO, Margareth. "O feminismo no Brasil – dos 'anos de chumbo' à era global". *Labrys Estudos Feministas*, n. 3-4, 2003.

ROSZAK, Theodore. *A contracultura*. Petrópolis: Vozes, 1972.

SONTAG, Susan. *Aids e suas metáforas*. São Paulo: Companhia das Letras, 1989.

SOUZA, Pedro Sampaio César de. *Em cena: a textualização de um coletivo gay em revistas de homoerotismo light*. Belo Horizonte, 2009. Monografia de fim de curso. Faculdade de Filosofia e Ciências Humanas, Universidade Federal de Minas Gerais.

TREVISAN, João Silvério. *Devassos no paraíso: a homossexualidade no Brasil: da Colônia à atualidade*. Rio de Janeiro: Record, 2000.

## SITES

A Capa. Disponível em: http://acapa.virgula.uol.com.br/. Acesso em: 18/9/2011.

Armário X. Disponível em: www.armariox.com.br. Acesso em: 18/2/2010.

Athos GLS. Disponível em: www.athosgls.com.br. Acesso em: 18/2/2010.

Dykerama.com. Disponível em: http://dykerama.uol.com.br/src. Acesso em: 18/9/2011.

Grupo gay da Bahia. Disponível em: http://www.ggb.org.br/welcome_old.html. Acesso em: 18/9/2011.

Grupo Dignidade. Disponível em: www.grupodignidade.org.br/blog. Acesso em: 21/7/2011.

ParouTudo. Disponível em: www.paroutudo.com. Acesso em: 18/9/2011.

Parada Lésbica. Disponível em: www.paradalesbica.com.br. Acesso em: 18/2/2010.

Turma OK. Disponível em: www.turmaok.com.br. Acesso em: 18/2/2010.

Todos os depoimentos foram dados à autora, exceto as declarações e as citações assinaladas por notas no corpo do texto.

Este livro foi composto na fonte Albertina
e impresso em março de 2012 pela Prol,
sobre papel chamois dunas bulk 90 g/m².